Cidinha Fonseca

PENSE GRANDE
PENSE PESSOAS

Gestão de pessoas
O superpoder da liderança

2021

Copyright ©2021 by Poligrafia Editora
Todos os direitos reservados.
Este livro não pode ser reproduzido sem autorização.

PENSE GRANDE - PENSE PESSOAS
Gestão de pessoas -O superpoder da liderança
ISBN 978-65-5854-268-1

Autora: Cidinha Fonseca
Coordenação Editorial: Marlucy Lukianocenko
Projeto Gráfico e Diagramação: Cida Rocha
Revisão: Fátima Caroline P. de A. Ribeiro
Foto autora: Thais Falcão

Dados Internacionais de Catalogação na Publicação (CIP)
Lumos Assessoria Editorial
Bibliotecária: Priscila Pena Machado CRB-7/6971

F676   Fonseca, Cidinha.
       Pense grande, pense pessoas : gestão de pessoas : o superpoder da liderança / Cidinha Fonseca. — 1. ed. — Cotia : Poligrafia, 2021.
       130 p. ; 21 cm. — (Coleção Varejo em Foco ; 4).

       Inclui bibliografia.
       ISBN 978-65-5854-264-3 (coleção)
       ISBN 978-65-5854-268-1

       1. Liderança. 2. Administração de pessoal. 3. Relações humanas. 4. Desenvolvimento organizacional. I. Título.

CDD 658.4092

Poligrafia Editora
www.poligrafiaeditora.com.br
E-mail: poligrafia@poligrafiaeditora.com.br
Rua Maceió, 43 – Cotia – São Paulo
Fone: 11 4243-1431 / 11 99159-2673

**A editora não se responsabiliza pelo conteúdo da obra, formulada exclusivamente pelo autor.

"As pessoas não são os ativos mais importantes de uma organização. As pessoas certas – com valores, atitudes e competências certas – é que são."

Jim Collins

*A todas as pessoas
que se dedicam ao
desenvolvimento
de outras pessoas*

SOBRE A AUTORA

Cidinha Fonseca é uma das principais referências em Recursos Humanos do País. Reconhecida como uma das "Mulheres mais influentes do Brasil", segundo premiação da revista Forbes, também já foi condecorada pelo Governo do Estado São Paulo pela sua atuação em projetos sociais na área de Recursos Humanos.

Atualmente é sócia-diretora da Humá Consultoria, é membro de Conselhos de Administração – *Chairperson* e Conselheira Independente – em empresas de capital aberto/fechado, e atua como palestrante em eventos empresariais.

Por mais de 30 anos, desenvolveu sólida carreira executiva em empresas como Grupo Othon Bezerra de Melo – hotéis e usinas, Itaú/Unibanco SA, Johnson & Johnson, e Grupo Pão de Açúcar (GPA), onde ocupou o cargo de Vice-Presidente de Recursos Humanos.

Em consultoria empresarial, acumula cases de sucesso em segmentos da indústria, comércio, finanças e varejo, em empresas como Besni, Dicico, Drogaria Iguatemi, Hospital Albert Einstein, Etna, Banco Itaú, Polishop, Vivara, Volkswagen, WOW Nutrition, Riachuelo, rede Hortifruti, Supermercado Irmãos Lopes, Jovem Pan, Koch, Grupo Cimed, Cless, Holding Clube, Accor, Wizard entre outras.

Desde 1993 atua na condução de projetos de Governança Familiar/Societária e Corporativa e Desenvolvimento de herdeiros e sucessores. Em sua formação tem MBA em Gestão Empresarial pela FGV, Certificação em *Coaching* Executivo e ainda especialização em Atendimento ao Cliente, pela Universidade Disney em Excelência de Serviços.

PREFÁCIO

*Por Flávio Gurgel Rocha**

Não tenho receio de estar exagerando ao afirmar que Cidinha Fonseca é a Papisa dos Recursos Humanos. O que ela não sabe sobre gestão de pessoas ninguém precisa saber, simplesmente porque não é importante. Neste livro, ela mostra por que é reconhecida em meio a empresários que decidiram dar prioridade às relações entre colaboradores dentro de suas corporações. É, sem surpresa, um trabalho generoso, de quem quer compartilhar com o leitor experiências acumuladas em mais de 30 anos de uma carreira profissional marcada pelo êxito.

Tenho certeza de que minhas palavras seriam endossadas por executivos do Itaú/Unibanco, da Johnson & Johnson e do grupo Pão de Açúcar, algumas das muitas empresas cujo RH ela ajudou a revolucionar, introjetando em seu cotidiano os mais modernos e eficientes conceitos da área.

Acredito que meu testemunho possa ilustrar a relevância de sua orientação. Cidinha passou a colaborar com o Grupo Guararapes há cerca de 10 anos. Na época, vivíamos um período de transição entre gerações, algo que embute conflitos naturais. Meu pai, Nevaldo Rocha, gradualmente abria espaço para a segunda geração na gestão da organização que fundara, tarefa que desempenhou com brilho incomum durante meio século, abrindo espaço para minha gestão, iniciada há mais de duas décadas. Dois momentos históricos, duas visões de mundo, duas gerações, duas formações. Como conciliar divergências? Como garantir a continuidade sem abrir mão de mudanças necessárias?

Cidinha, atuando como *coach*, deu respostas certeiras a essas e outras perguntas fundamentais. Para começar, demonstrou, na teoria e na prática, que o exercício da meritocracia em uma empresa de natureza familiar ganha redobrada importância. Também se antecipou a eventuais arestas ao criar um grupo com a terceira geração da família – a dos netos do fundador. Hoje, o G3 reúne os familiares que trabalham na empresa e os que optaram por outros desafios profissionais, dissolvendo, assim, em um grupo de irmãos e primos, possíveis diferenças de perspectivas e interesses.

Dona de um conhecimento consistente, a autora – hoje integrante do Conselho de Administração da Guararapes, que ajudou a criar – aprofunda o conceito de que as pessoas são o ativo mais precioso de uma empresa. O que seria apenas um lugar-comum da administração contemporânea ganha, em sua argumentação afiada, o valor de um pilar do capitalismo. Cidinha exalta as qualidades do Capitalismo Consciente, aquele em que o principal executivo não é um pitbull dos acionistas, mas um mediador justo e isento dos interesses de todos os *stakeholders*, aí incluídos clientes, colaboradores, fornecedores, acionistas e até os menos óbvios, como ativistas e ONGs. Ou seja, gente.

As intervenções de Cidinha na Guararapes representaram auxílio essencial na aceleração do processo de governança quando a questão ainda não era central para muitos empreendedores. A empresa, ela ensinou, precisa de propósito. As pessoas – que são a empresa – necessitam de um sonho em comum. É uma força irrefreável. O papel do verdadeiro líder é servir de farol para tais anseios. O lucro, que garante o giro da máquina, é apenas uma decorrência dessa atitude.

Se as pessoas estão no centro da empresa, a diversidade entre elas é um selo de garantia de sucesso. Não se trata de retórica vazia, moldada convenientemente aos valores sociais de hoje. O fato, que Cidinha expõe de forma convincente, é que a diversidade melhora a qualidade da decisão, uma vez que mais pontos de vista são contemplados. Aquele recrutamento padrão que seleciona as mesmas pessoas, com a mesma formação, oriundas do mesmo *background* – é coisa do passado. É falso o antagonismo entre diversidade e meritocracia.

"O segredo é aproveitar e valorizar as diferenças", anota a autora. "Para isso, é importante reconhecê-las e extrair o que elas têm de melhor em benefício da empresa e de todos os envolvidos". Não há como discordar.

Ao mesmo tempo em que Cidinha traz a visão da complexidade técnica que envolve todo o processo de gestão de pessoas, fica nítida sua intenção maior em chamar atenção para o legado e a responsabilidade de todos os públicos neste propósito, percorrendo temas como a importância das pessoas nas organizações, as diferenças entre trabalho e emprego, a evolução dos vínculos de trabalho, o ciclo de vida das empresas e das carreiras, da contribuição do RH na cadeia de valor das empresas e suas tendências, especialmente pós-pandemia.

Com a história ilustrativa de pai e filha à mesa de jantar, a autora nos traz, de forma simples, a realidade de muitas de nossas famílias e empresas. Um conteúdo para ler, orientar, fazer pensar e agir voltado a nós, empresários, líderes, profissionais de RH e colaboradores.

São *insights* como este que Cidinha Fonseca, sócia-diretora da Humà Consultoria, distribui neste livro. Ela escreve: "Que o RH seja o agente de mudança para os novos desafios que se apresentam". E eu assino embaixo.

*Flávio Gurgel Rocha é presidente do Conselho de Administração do Grupo Guararapes, maior empresa de moda do Brasil, com uma operação que, atualmente, engloba: a rede varejista Riachuelo, com e-commerce e mais de 300 endereços físicos espalhados por todo o território nacional, duas fábricas, em Natal e em Fortaleza, a Midway Financeira, três centros de distribuição (CDs), em Guarulhos, Natal e Manaus, um Contact Center, a Transportadora Casa Verde, o shopping Midway Mall, no Rio Grande do Norte, e dois teatros Riachuelo, na capital potiguar e no Rio de Janeiro.

SUMÁRIO

I.	A importância das pessoas em nossa vida	15
II.	Diferença entre trabalho x emprego	19
III.	Gestão de Pessoas: responsabilidade de quem?	27

   1. Você
   2. Líder
   3. Recursos Humanos

IV.	Evolução do RH nas empresas	39
V.	Recursos Humanos na cadeia de valor da empresa	47

   1. Atração, seleção e contratação   52
   2. Evolução e retenção   53
        a. Treinamento e desenvolvimento
        b. Gestão de desempenho por competência
        c. Recompensa
        d. Gestão de clima (NPS)
        e. Endomarketing e comunicação interna
   3. Desligamento   69
        a. Programa de Preparação para Aposentadoria (PPA)
        b. Entrevistas de desligamento
        c. Apoio à recolocação

VI.	Gestão de pessoas em times multigeracionais	77
VII.	Tendências do RH	91
VIII.	Propósito e visão de futuro	107
IX.	Glossário	111
X.	Referências	126

I. A IMPORTÂNCIA DAS PESSOAS EM NOSSA VIDA

Não conheço nenhum propósito de vida que não tenha, direta ou indiretamente, as pessoas como causa ou inspiração de qualquer missão, por isso sempre vi as pessoas como um dos pontos centrais de nossas vidas.

Acredito que por meio delas, e somente delas, é que as relações mágicas acontecem. E são elas os agentes transformadores para a construção de uma sociedade melhor. Pessoas melhores constroem sociedades melhores.

Tudo começa no indivíduo. Tudo começa com você. E por isso somos tão dependentes uns dos outros.

No dia a dia, mesmo involuntariamente, você sempre dependerá das pessoas. No supermercado, no cinema, no hospital, na escola, no aeroporto... Do seu primeiro ao último dia de vida.

Sim, você ganha *status* de cliente assim que nasce e seguirá nessa condição durante toda a sua vida.

As organizações vão depender de você, tanto para existir como para prosperar, seja na condição de cliente ou de colaborador.

Por esse simples raciocínio, a mim parece óbvio investir em Gestão de Pessoas.

Se você não vê sentido nessa premissa, melhor parar aqui esta leitura que mal começou.

Caso genuinamente concorde, vamos, então, falar deste mundo encantado, complexo, gratificante e prazeroso de fazer gestão de pessoas.

II. DIFERENÇA ENTRE TRABALHO E EMPREGO

Paradoxalmente, com a acelerada transformação digital, nunca se falou tanto em humanização do trabalho, relações humanas, saúde nas organizações, novo normal, futuro do trabalho...

E, em decorrência disso, o binômio Família e Trabalho ganha ainda maior relevância como motor motivacional para a maioria das pessoas. Por meio da família, construímos laços de afeto, valores morais, tradições e as nossas crenças. Ela é a nossa raiz, nossa rede de apoio que nos dá a noção de lar. Ela é responsável pelos nossos primeiros aprendizados, promove a nossa educação, influencia nosso comportamento e pode formar nosso caráter.

A família serve de base para nosso processo de socialização e define nossos costumes. Tende a desenvolver relações de amor, confiança e segurança; é por meio dela que procriamos o que nos traz o senso de continuidade existencial.

O **trabalho** é vida, realização, construção, transformação. Traz o sentimento de utilidade, por ele posso reconhecer minha vocação e imprimir meus talentos. É a forma como nos relacionamos com tudo e atingimos a realização. Um esforço adicional ligado a um determinado propósito. Expõe o **ser** e o **fazer** e, de forma produtiva, interfere nas relações, na comunidade, e possibilita conquistas. Pode trazer grandes realizações, pois sempre está ligado a objetivos e metas, possibilitando o senso de contribuição e recompensa, porém, não necessariamente remunerado.

Muitas vezes, o **trabalho** confunde-se com o conceito de **emprego**.

O emprego caracteriza-se pelo vínculo com uma pessoa ou empresa, de forma subordinada e remunerada pela prestação de algum tipo de serviço. Está ligado ao **ter** e pode se configurar pelo caráter temporário ou permanente.

Todo emprego pressupõe-se um trabalho – nem sempre produtivo –, porém, nem todo trabalho corresponde a um determinado emprego.

Trabalho, propósito e carreira

- Um trabalho importante
- Um propósito significativo
- Uma carreira atraente
- Uma vocação

Fonte: Relatório Tendências Globais de Talento (MERCER, 2020)

"Vocação é diferente de talento. Pode-se ter vocação e não ter talento, isto é, pode-se ser chamado e não saber como ir".

Clarice Lispector.
A descoberta do mundo, 1992

Ao longo da história, os vínculos empregatícios sofreram grandes transformações, impactadas por mudanças geracionais, cenários econômicos, necessidades e expectativas das pessoas e empresariais, como segue:

Evolução do vínculo de trabalho

Relação comunhão de propósitos

O desafio do trabalho está no alinhamento do propósito empresa/colaborador. As relações flexíveis de jornada, local e contrato de trabalho ganham força. Valorização do engajamento

Relação parceria

Relação ganha-ganha. "Toma lá, dá cá...". Existe a busca de equilíbrio entre a vida profissional e pessoal. Ênfase na qualidade de vida

Relação oportunidade

O trabalho passa a ser um meio de satisfação pessoal, aumenta a competitividade e há valorização dos *workaholics*

Relação lealdade

O trabalho passa a ter vínculo afetivo, o colaborador passa a ser leal à empresa. O tempo de casa é valorizado

Relação obediência

O trabalho tinha a função de sobrevivência, sem nenhuma relação com a satisfação profissional

Parte 1 – O calcanhar de Aquiles

Fábio e Fabiana sempre tiveram uma relação próxima de pai e filha. Fábio, aos 46 anos, é líder em uma agência bancária e anda preocupado com a "saga" de Fabiana, que, aos 20, luta para conseguir seu primeiro emprego formal. Assim que concluiu o curso superior de Administração de Empresas, ela almejava iniciar carreira, ganhar seu próprio dinheiro, ter autonomia e se realizar profissionalmente.

Porém, como na maior parte dos casos, sua grande barreira era a total falta de experiência profissional na área. Até porque, nas entrevistas, seus cursos e o inglês fluente não pareciam ser o suficiente – sua falta de experiência sempre era questionada, fato que Fabiana não entendia, afinal, como ter experiência se este seria seu primeiro emprego?

Fábio, apesar dos bons resultados que conferiam rentabilidade para a agência, que sempre lhe garantiram uma carreira ascendente, não era exatamente reconhecido como um bom gestor de pessoas.

E, quanto mais ele crescia no banco, mais essa deficiência ficava evidente, o que começou a causar desaceleração de sua trajetória de sucesso.

Não bastava mais obter bons resultados; os melhores talentos não demonstravam interesse algum em trabalhar com ele. Faltavam reconhecimento, confiança, respeito, autonomia.

Muita pressão, pouca orientação!

Mas... Neste momento de vida, o sonho de Fábio era ver a filha querida bem empregada, sendo reconhecida, em um bom ambiente de trabalho, com um líder que a inspirasse, respeitasse e apoiasse seu crescimento e desenvolvimento profissional. Enquanto Fábio seguia na contramão da gestão de pessoas, Fabiana almejava uma oportunidade no mercado de trabalho.

Somente neste relato sobre o que vem ocorrendo na vida profissional de Fábio e Fabiana, já é possível fazer várias análises e pensar bastante sobre elas. Este é o momento da:

HORA DA VERDADE... PARA REFLETIR

- Um bom técnico hoje não garante um bom líder amanhã
- Cada líder tem o time que merece
- Acredite, é possível obter bons resultados sem destruir o time
- Talentos querem, acima de tudo, trabalhar com líderes que admiram
- Muitas vezes, as pessoas abandonam o líder, não as empresas
- Construir um time de alta performance é responsabilidade do líder
- Retribua o sucesso da sua carreira, abrindo portas para quem está próximo
- Use seu poder para gerar oportunidades
- É cruel pedir experiência no primeiro emprego
- Trabalhos voluntários são perfeitos para se obter alguma experiência, mesmo antes de estar formado
- Fazer Gestão de Pessoas é mesmo complexo e pode exigir grande dedicação, mas é imensamente recompensador

III. GESTÃO DE PESSOAS: RESPONSABILIDADE DE QUEM?

Com a aceleração da tecnologia, o alto grau de disrupção nos negócios e o avanço dos transtornos mentais relacionados ao trabalho dentre uma das principais causas de afastamento (*burnout*[1]), as questões de humanização e gestão de pessoas ocupam relevante espaço na agenda de muitas empresas.

Em qualquer cultura, em qualquer país, em qualquer empresa, esta é uma responsabilidade multifacetada, com consequências previsíveis em curto, médio e longo prazos.

Destaco, aqui, pelo menos três personagens responsáveis neste desafio:

- O líder;
- O RH (empresa);
- Você.

---

1 A síndrome de *burnout* é um distúrbio psíquico causado pela exaustão extrema, sempre relacionada ao trabalho de um indivíduo. Essa condição também é chamada de "síndrome do esgotamento profissional" e afeta quase todas as facetas da vida de uma pessoa.

1. Vamos começar com VOCÊ

Você precisa de chefe?

É provável que uma das competências mais poderosas que pode te acompanhar a vida toda seja o autoprotagonismo, que poderá proporcionar autonomia e controle da sua trajetória profissional e da sua performance.

Ele te possibilitará não ser tão dependente de um "chefe" e estimulará sua capacidade de ser o principal agente transformador da sua carreira, dedicando-se a:

- Entender o que o trabalho significa na sua vida;
- Entender, com humildade, seu papel e suas responsabilidades na posição que você ocupa e solicitar feedbacks;
- Identificar seus *gap´s* de desempenho;
- Investir no seu autodesenvolvimento;
- Manter-se crítico e atualizado, buscando aprendizado e melhoria contínua;
- Responsabilizar-se por seus acordos, compromissos e entregas;
- Não delegar a ninguém seu próprio desenvolvimento e responsabilidade;
- Fazer o que é certo;
- Adotar atitudes colaborativas e construir parcerias,
- E se perguntar diariamente:

Se eu me ausentar, alguém sentirá minha falta?

2. Vamos ao LÍDER

Mudanças ambientais em curso, instabilidade econômica, crises políticas, crises sanitárias, pandemia... Uma dinâmica perversa com imenso impacto social que expõe o verdadeiro "apagão" de lideranças que o mundo enfrenta. Cenários incertos exigem forte liderança.

Pense em um líder que você admira.
Que seja um modelo para você.

Que seja próximo e que tenha real impacto na sua vida. Talvez a lista seja pequena.

Fazer gestão de pessoas pode representar o segredo de sucesso dos grandes líderes em toda a nossa história empresarial.

É uma missão nobre, que tem o poder de fazer a diferença na vida da empresa, das pessoas e na sua própria trajetória e legado de liderança.

É um exercício diário de dar significado, de sedimentar um propósito, de construir relacionamentos de confiança e respeito mútuo.

É simples e complexo, ao mesmo tempo.

Significa construir um time de alta performance, unido e motivado por uma mesma causa.

O ciclo do resultado

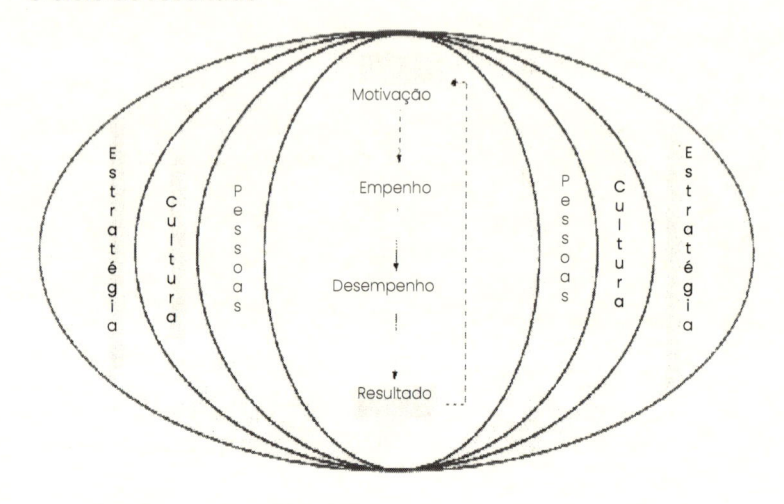

```
Estratégia → Cultura → Pessoas → Motivação → Empenho → Desempenho → Resultado ← Pessoas ← Cultura ← Estratégia
```

Um líder que:	Inspira; Engaja; Alinha; Valoriza as diferenças; Comunica, orienta; Desenvolve, reconhece e retém talentos. o sonho de qualquer time.

O líder também pode ter um efeito devastador no time: desacelerar a produtividade, destruir valor e causar sofrimento para as pessoas.

Os transtornos mentais avançam severamente em ambientes tóxicos onde, muitas vezes, o líder orquestra um jogo em que todos perdem, com a crença de que "estressar estica a corda" – mentalidade que, além de ultrapassada, beira a mediocridade.

Esses são paradigmas obsoletos de autoridade e poder, que antes imaginávamos estar mais associados às gerações *baby boomers* (pós-guerra) e X.

Mas, com a chegada da geração Y, constata-se, paradoxalmente e em muitos casos, a mesma tirania nas posições de liderança e poder.

O líder tem impacto direto no desempenho do time, otimizando ou reprimindo a performance. Tem o poder de maximizar a produtividade ao dar significado ao trabalho da equipe e construir uma visão de valor que engaje todos em torno de um objetivo comum.

Em um mundo de cenário volátil, incerto, complexo e ambíguo (*volatility, uncertainty, complexity, ambiguity*), o chamado V.U.C.A., exercer a liderança tornou-se ainda mais complexo. Com o desafio de criar times ambidestros em que, de forma colaborativa, nativos e imigrantes digitais possam conviver em um mesmo ambiente, compartilhando desafios e integrando competências, interconectados na mesma causa, coexistindo a preservação dos valores e do *know-how* já instalados com as novas tecnologias.

É fácil? Não é mesmo.

Ressignificar e inspirar são as atitudes-chave, agregando outras iniciativas como:

- Dar a direção: compartilhar a visão em todos os níveis;
- Construir relações de confiança;
- Dar autonomia;
- Promover ambiente e clima favoráveis;
- Estimular o autoconhecimento para dar suporte ao protagonismo;
- Exercer delegação consciente, para que as pessoas possam se comprometer com

resultados e, ao mesmo tempo, equilibrar seus interesses da vida pessoal;
- Por meio de *feedbacks*, dar suporte ao desenvolvimento em ambientes de aprendizado contínuo;
- Estruturar e formalizar um sistema de recompensas;
- Ser um modelo de conduta ética;
- Exercer coerência entre discurso e ação.

E você? Está na lista de alguém como um líder que inspira?

3. Vamos aos RECURSOS HUMANOS

Falamos de você e do seu líder. Vamos falar, agora, da responsabilidade do RH. Já ouvi muitas "barbaridades" sobre gestão de pessoas.

Certa vez, um grande empresário, líder no segmento em que atua, disse-me que, para ele, "RH era um mal necessário" – uma postura que, para mim, naquele momento, teve o mesmo impacto de "água gelada em um caldeirão fervendo".

Naquele dia, ingênua, muito jovem e cheia de sonhos, tive a dura lição de perceber a farsa de alguns líderes travestidos de grandes homens, posando para a mídia e construindo imagens distorcidas. Verdadeiros detratores de gestão de pessoas.

Que falta de visão!

Mas, além da falta de visão de muitos líderes, há também o posicionamento equivocado de muitos RHs.

Há anos atuando nesse campo, ouço críticas legítimas e fundamentadas de Empresários, CEOs, Diretores e muitos Colaboradores quanto à postura de alguns profissionais de RH, por exemplo: falta visão de negócio – a área é muito técnica, o que acaba limitando e empobrecendo seu escopo de atuação. Aqui, cabe uma reflexão particular: sempre fui a favor de olhar mais para o espelho do que para a vidraça, pois acredito que a autocrítica semeia evolução.

Talvez a falta de visão de negócios seja uma das razões de termos tão poucos CEOs que ascenderam da área de RH.

Mas o que os *stakeholders* esperam de um RH?

A área de RH está em constante evolução. Uma grande referência para todos, David Olson Ulrich traz um padrão transformador que ampliou a atuação de RH em muitas organizações no mundo todo. Seguindo o modelo de múltiplos papéis, o autor define sua atuação diferenciada como parceiro estratégico, especialista, administrador, representante dos colaboradores e agente de mudanças.

Vamos levar em conta o exemplo de Dave Ulrich[2]:

Modelo de múltiplos papéis

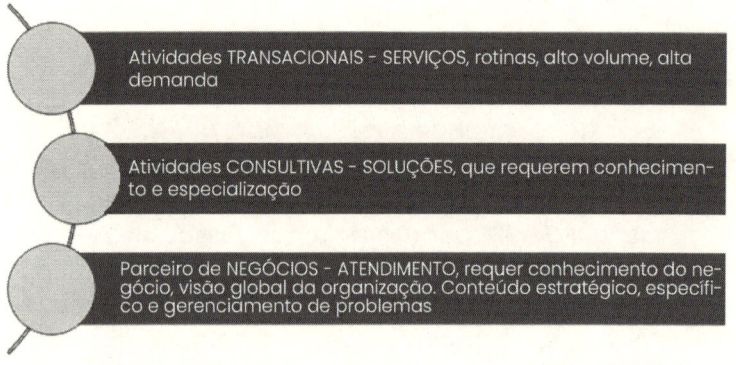

Atividades TRANSACIONAIS - SERVIÇOS, rotinas, alto volume, alta demanda

Atividades CONSULTIVAS - SOLUÇÕES, que requerem conhecimento e especialização

Parceiro de NEGÓCIOS - ATENDIMENTO, requer conhecimento do negócio, visão global da organização. Conteúdo estratégico, específico e gerenciamento de problemas

Fonte: David Ulrich

---

2   Nascido em Nevada (EUA), em 1953, David Olson Ulrich é autor, palestrante e professor universitário na *Ross School of Business,* Universidade de Michigan.

Parte 2 – Batalha vencida e outras a caminho

Fabiana chegou eufórica em casa – finalmente, conseguiu seu primeiro emprego. Fábio abriu um vinho no jantar para comemorar o feito.

Família toda feliz; a partir daquele dia, os assuntos de trabalho iriam rechear o cardápio à mesa.

Pai e filha aproveitavam este momento único do dia para falar do trabalho. Cada um à luz da sua realidade.

Nunca mais os jantares seriam os mesmos. E, de uma forma quase imperceptível, a rotina da família foi dando espaço a conflitos ideológicos, polarização de ideias, diferença de visões, de valores...

Fabiana deu-se conta do estilo de liderança que o pai exercia no banco e não tardou a se decepcionar com seu herói. Imaginava como as pessoas deveriam se sentir frente a tantas arbitrariedades. Já não o via apenas como pai; esta imagem confundia-se com a de um líder autoritário, discriminador, crítico, omisso... Centralizador. Às vezes, a jovem sentia vontade de ir ao banco e se desculpar em nome do pai.

Já Fábio, com seu instinto paternalista, sofria com o sofrimento da filha, que reclamava do seu chefe com cobranças absurdas – tudo era prioridade. Criticada em público, ela relatava eventos de gritaria e falta de respeito, orientação e clareza das expectativas nas entregas.

Fábio, indignado, chegou a pensar em ir tirar satisfações com o chefe de Fabiana – que, injuriada, pensava:

"Quantos outros pais já não pensaram em ir ao banco buscar satisfações com Fábio?".

Que ironia!

HORA DA VERDADE... PARA REFLETIR

- Você gostaria de ter a si mesmo como líder?
- Para fazer gestão de gente, tem que gostar de gente
- O líder ganha superpoderes quando se torna um bom gestor de pessoas
- O líder pode fazer um grande "estrago": destrói pessoas, destrói valores
- Os mais vaidosos são os mais cegos, especialmente se chegam ao sucesso
- Você é um exemplo na vida de alguém?
- Você será mais lembrado pelo que é do que pelo que faz
- Aprendemos mais com os exemplos do que com as palavras
- Time diverso dá mais trabalho para gerir, mas as diferenças de visão enriquecem as soluções
- Desconfie de líderes que precisam ser chamados de "Doutor"
- Fique atento aos líderes que têm resposta para tudo
- Fique atento ao líder que não sabe fazer perguntas
- É possível construir resultados sem destruir times
- Entenda o que o trabalho significa na sua vida
- O RH ainda tem oportunidades para ressignificar seu papel como área de negócio

IV. EVOLUÇÃO DO RH NAS EMPRESAS

Os diversos papéis da área de RH

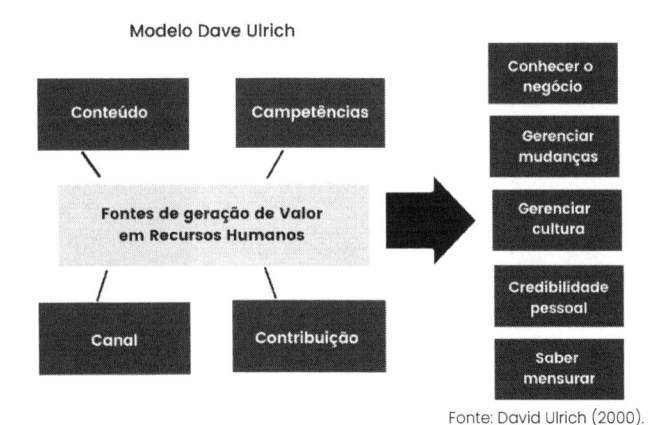

Modelo Dave Ulrich

- Conteúdo
- Campetências
- Fontes de geração de Valor em Recursos Humanos
- Canal
- Contribuição

- Conhecer o negócio
- Gerenciar mudanças
- Gerenciar cultura
- Credibilidade pessoal
- Saber mensurar

Fonte: David Ulrich (2000).

RH no futuro

CONTEÚDO	COMPETÊNCIA
Talento Rapidez Compartilhar *mindset* Aprendizado Responsabilidade Liderança Inovação Clareza estratégica	Conhecer o negócio Excelência na entrega Gerenciar cultura "Fazer acontecer" com velocidade e credibilidade pessoal
CANAL	**CONTRIBUIÇÃO**
Gerência de linha Unidades de negócio Centros de *expertise* RH corporativo Central de serviços E-RH *Outsource*	*Coach* Arquitetar Desenho e entrega Facilitar Liderar

Fonte: David Ulrich (2000).

1. **RH COMO LÍDER**

Melhorar a experiência do colaborador com o mesmo cuidado dado à experiência do consumidor, trabalhando seu engajamento na empresa, é a prioridade do RH, realizando mudanças em três ambientes:

- Ambiente físico;
- Ambiente cultural;
- Ambiente tecnológico.

2. **RH COMO FACILITADOR**

- Observar padrões nos eventos;
- Facilitar time;
- Atuar efetivamente por meio da organização e de seus diversos times;
- Cuidar dos diagnósticos organizacionais e das opções de redesenho.

3. RH COMO CONSCIÊNCIA DO NEGÓCIO

- Recursos Humanos com responsabilidade de "*board*";
- Apoiar a empresa a ter foco na humanização, capacitando as pessoas para trabalhar produtivamente com a tecnologia e, assim, criar valores para si mesmas, suas organizações e a sociedade em geral.

4. RH COMO ARQUITETO

- Compreender futuros "contornos" do negócio;
- Centralizar a atuação do RH nos desafios da empresa;
- Ressignificar o trabalho e as relações;
- Aumentar a esfera de influência do RH além das linhas tradicionais, abrangendo a empresa e o ecossistema dos negócios como um todo.

5. RH COMO *COACH*

- Conhecimento das competências dos profissionais;
- Manter claras as expectativas;
- Garantir *feedback* efetivo;
- Prover fontes para mudanças;
- *Follow up* e *reinforcement*;
- Participar da tomada de decisões.

6. PRIORIDADES EM GESTÃO DE PESSOAS

Segundo a pesquisa Tendências Globais de Talento da Mercer (2020), estas eram as prioridades do futuro do trabalho em 2020:

- Investir na aprendizagem e na requalificação futura da força de trabalho;
- Realizar abordagem da adequação à marca da empresa para os colaboradores;
- Transformar as práticas de talento;
- Desenvolver uma estratégia de integração de pessoas;
- Mensurar as lacunas de competências em relação aos objetivos de negócios;
- Replanejar a estrutura organizacional;
- Reestruturar o RH para promover o alinhamento do ritmo operacional entre o RH e os negócios;
- Implementar uma proposta de valor atraente para o talento;
- Aprimorar a experiência do colaborador;
- Aprimorar de forma mais ampla o ecossistema de talentos;
- Preparar as partes interessadas para as mudanças;
- Reformular cargos (por ex.: funções e responsabilidades);
- Prever o impacto da automação sobre os empregos.

7. RESULTADOS MAIS IMPORTANTES QUE SE ESPERAM ALCANÇAR NA TRANSFORMAÇÃO DO TRABALHO

Colaboradores priorizam transformar trabalho para alcançar bem-estar mais do que executivos

Quais são os resultados mais importantes que você espera alcançar na sua transformação do trabalho em 1 a 3 anos?

Mais importante	Executivos Seniores	Colaboradores
1	Melhorar a experiência do cliente	Aumentar qualidade
2	Aumentar inovação	Aumentar inovação
3	Reduzir custos	Melhorar/aumentar bem-estar no trabalho
4	Aumentar qualidade	Melhorar a experiência do cliente
5	Fazer trabalho novo	Fazer trabalho novo
6	Aumentar capacidade	Reduzir custos
7	Aumentar *market share*	Aumentar capacidade
8	Melhorar/aumentar bem-estar no trabalho	Aumentar *market share*
9	Aumentar impacto social	Aumentar impacto social

Fonte: The 2021 Deloitte Human Capital Trends Survey

8. A EVOLUÇÃO DO RH

DE	PARA
Gerenciar ativos atuais	Construir os ativos futuros
Satisfazer o cliente	Antecipar-se ao cliente
Curto prazo	Longo prazo
Competição	Parceria
Baixo custo	Alto valor agregado
Descentralização	Centralização
Performance divisional	Performance corporativa
Colaborador fiel	Colaborador engajado
Processos pouco flexíveis	Processos inovadores e flexíveis
Atuação não alinhada ao negócio	Integrado aos desafios do negócio
Foco em tarefas	Foco personalizado no colaborador
Coletivo	Personalizado
Apoio da tecnologia	Transformação digital
Análise de tendências	Evidências por análises sólidas
Hierarquia rígida	Abertas, transparentes, "em rede"
Valorização das lideranças	Experiência significativa para todos os colaboradores

9. EVOLUINDO EM NOVAS COMPETÊNCIAS PARA O PROFISSIONAL DE RH

- Visão holística;
- Foco no negócio;
- Mentalidade empreendedora;
- Multitarefas;
- Agilidade;
- Transformação e adesão digital

V. RECURSOS HUMANOS NA CADEIA DE VALOR DA EMPRESA

As atividades de Recursos Humanos são fundamentais e comuns a qualquer empresa e podem imprimir grande valor em sua cadeia. Antes de abordarmos alguns subsistemas que compõem as áreas de RH, vamos falar brevemente do ciclo de vida das empresas e da trajetória profissional das pessoas.

Ciclo de vida das empresas

As mudanças sociais, econômicas, culturais, ambientais e políticas interferem e influenciam no ciclo de vida de uma empresa.

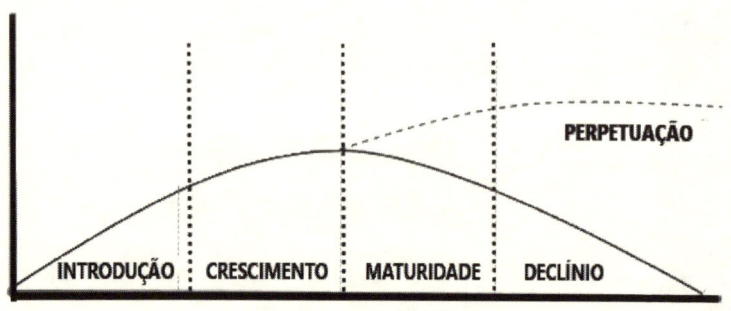

Fonte: Djalma de Pinho de Oliveira Rebouças (1986).[3]

Sua **introdução** no mercado é um momento delicado e complexo que, muitas vezes, nasce de uma ideia. Por meio do desenvolvimento de pesquisas, testes e plano de negócio, a empresa inicia suas atividades e experimenta a receptividade do cliente e a dinâmica da concorrência. É um momento em que ter reserva financeira, disciplina e determinação são ingredientes indispensáveis para que a visão e as expectativas empreendedoras confirmem-se, motivando o **crescimento** – etapa em que o nível de aceitação já proporciona resultados financeiros atraentes, dando sinais de retorno do investimento e quando mais clientes aproximam-se. Tempo difícil, de risco, desafiador, que exige ajustes no time, em produtos, processos, serviços para dar suporte à expansão. Etapa que busca fidelização dos clientes, rentabilidade e estabilidade, levando a empresa para sua próxima etapa, a **maturidade** – momento em que a organização reposiciona-se com possibilidade de atingir uma fatia significativa do mercado e clientes fiéis; já se sustenta; desafios da rotina são vencidos; time preparado; processos estabelecidos; busca melhores níveis de lucratividade; gestão de custos e novos clientes.

Para não se iludir com o sucesso, é importante e necessário estar atento às tendências do negócio no

---

[3] Doutor em administração, foi professor da FEA/USP, onde foi cocriador e docentes de disciplinas como "Consultoria empresarial", "Reengenharia estratégica, organizacional e de processos" e "Administração estratégica". Lecionou na FGV/SP, da Fundação Vanzolini/POLITÉCNICA/USP, do CEAPOG/IMES, da FAAP e do MBA/IBMEC. ´e autor de 23 livros e exerce atividades em consultoria de planejamento estratégico

mercado em que atua e antecipar ajustes, a fim de evitar a fase do **declínio**.

O mercado é dinâmico, o cliente e a concorrência evoluem e, em algum momento, a empresa pode ficar ultrapassada. É hora de morrer ou reagir e ter visão crítica para enfrentar antes do declínio, formalizando estratégias de inovação, criação de valor e de resultados sustentáveis. Renovação contínua, estabelecendo uma dinâmica vencedora e de **perpetuação** da marca – sonho de muitos, realização de poucos.

O importante é identificar, reconhecer e adequar estratégias, priorizando medidas corretivas que sustentem e respondam às demandas de cada fase.

Ciclo de vida profissional

Você já pensou em quantos anos gostaria de viver?

E, desses, quantos anos gostaria de dedicar à sua trajetória profissional?

A vida renova-se constantemente. Nosso ciclo de vida profissional também é composto por fases, que podem e devem ser planejadas, como um processo evolutivo e natural na direção dos nossos sonhos e do nosso propósito de vida.

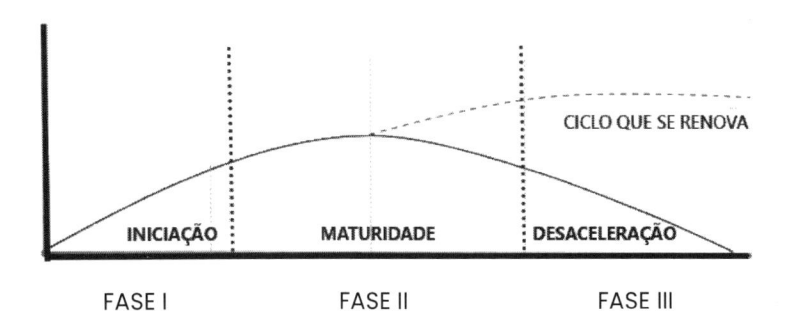

INICIAÇÃO	MATURIDADE	DESACELERAÇÃO
FASE I	FASE II	FASE III

CICLO QUE SE RENOVA

Descrição das fases do ciclo de vida profissional

FASE I	FASE II	FASE III
• Geralmente entre 18 e 30 anos • Avalanche de descobertas • Investimentos em formação acadêmica • Escolhas difíceis • Primeiro emprego • Aprendizagem, erros, novos aprendizados • Falta de experiência • Insegurança, indefinições • Pouca autonomia • Alta carga de trabalho • Remuneração compatível • Dependência financeira • Trabalho em equipe (colaborativo)	• Geralmente entre 30 e 60 anos • Auge da carreira • Competências desenvolvidas • Cargos de liderança • Complexidade nos desafios • Alto nível de responsabilidade • Mais autonomia • Mais riscos • Dilemas e decisões solitárias • Remunerações atraentes • Independência financeira/ conquista de patrimônio	• Geralmente após os 60 anos • Desaceleração • Aposentadoria • Dedicação a outras atividades • Aconselhamento, mentoria • Experiência comprovada • Gestão financeira • Declínio do vigor físico • Redução dos níveis de poder • Desenvolvimento de novas profissões.
PERGUNTAS RECORRENTES		
• O que fazer? • No que me formar? • Terei sucesso?	• Até onde posso chegar? • Estou feliz com o que sou e o que faço? • Como usar meus recursos de tempo e dinheiro?	• Ainda posso ser útil? • Consigo manter independência?

O ciclo de vida profissional pode ser rico e ter muita elasticidade/flexibilidade:

- Dedicação a profissões/atividades diferentes e simultâneas;
- Reescrever um novo ciclo, a qualquer momento da vida;
- Reinventar carreiras, profissões, vínculos e relações colaborativas;
- Aqui, o mais importante é ter a disciplina e a determinação de construir o seu ciclo profissional;
- Preparar-se, dedicar-se e responsabilizar se por ele;
- Dar significado à sua vida, melhorando sua condição pessoal e trazendo valor a toda uma sociedade – sua contribuição.

O ciclo de vida do profissional na empresa

As empresas e os colaboradores são organismos vivos que estão em constantes mudanças. O desenvolvimento organizacional estabelece-se em um macrossistema, influenciando sua cultura, seus processos, sua gestão e seu posicionamento. O desenvolvimento humano firma-se em um microssistema em caráter individualizado, adequando demandas e expectativas da empresa e do colaborador.

Um dos papéis fundamentais da área de RH é garantir uma atuação estratégica que favoreça a experiência do profissional na empresa, possibilitando um ciclo que potencialize uma relação que traga valor para ambos – empresa e colaborador –, promovendo uma experiência positiva em que o profissional sinta-se engajado e tenha orgulho de pertencer.

Nesta visão, cabe a frase de Stephen Covey: "Trate sempre os seus funcionários exatamente como quer que eles tratem os seus melhores clientes".

É uma interação que acontece em três grandes momentos: contratação; evolução/retenção e desligamento.

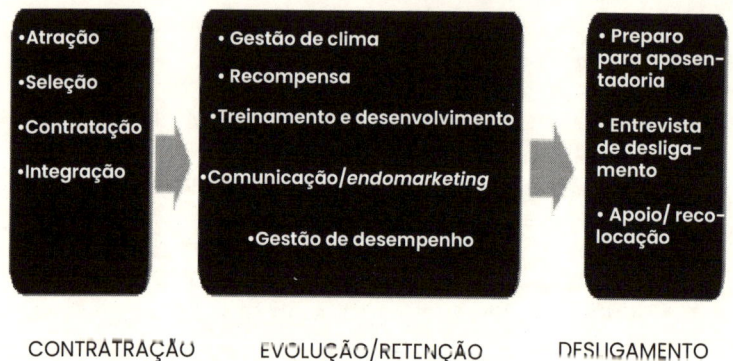

Ciclo de vida do profissional na empresa

CONTRATAÇÃO	EVOLUÇÃO/RETENÇÃO	DESLIGAMENTO
• Atração • Seleção • Contratação • Integração	• Gestão de clima • Recompensa • Treinamento e desenvolvimento • Comunicação/*endomarketing* • Gestão de desempenho	• Preparo para aposentadoria • Entrevista de desligamento • Apoio/ recolocação

Gestão de Pessoas exige técnica e arte

1. Atração, seleção e contratação

Antes mesmo do surgimento de uma vaga, iniciativas de construção de uma forte imagem da marca – *employer branding* – são fundamentais para a atração de talentos. De forma clara e transparente, a empresa apresenta sua cultura, sua proposta de valor, seu sistema de retenção e a valorização do time, buscando atrair talentos que se identifiquem com sua realidade e seu posicionamento.

A mesma preocupação deve vir traduzida na integridade dos processos de atracão e seleção, bem estruturados e adequados à realidade da cultura da empresa, com impactos diretos no índice de turnover e na gestão do clima interno.

Em todas as suas etapas:
- Definição do perfil desejado;
- Recrutamento;
- Entrevistas, testes, dinâmicas de grupo, gamificação;
- Escolha e decisão para contratação.

Existe uma infinidade de técnicas e ferramentas aplicáveis nesses processos, mas a essência a perseguir é:

- Alinhar o candidato à cultura da empresa;
- Buscar alta performance para os desafios estratégicos na posição;
- Estimular a diversidade;
- Reduzir *turnover*;
- Envolver significativamente as lideranças;
- Respeitar, orientar e facilitar a jornada do candidato no processo;
- Buscar inovação e melhores práticas no processo.

Com a contratação, esta etapa é concluída, sendo finalizada com a integração dos recém- contratados – *onboarding* –, abreviando a adaptação à cultura, aos processos e à estrutura organizacional. Trata-se de um momento importante, que irá influenciar no desempenho e no engajamento do novo profissional.

2. Evolução/retenção

Durante toda a vida do colaborador na empresa, ele irá se relacionar com vários subsistemas de RH que, de forma holística, deverão dar suporte a uma experiência favorável na sua história com a organização.

Quando se fala em retenção, geralmente associa-se a redução de custos com *turnover*, que sempre traz elevados prejuízos – tangíveis e intangíveis – para qualquer empresa. Além dos custos típicos da alta rotatividade, os efeitos na produtividade, na imagem, no clima, na sucessão e no engajamento reforçam que retenção sempre custa menos que contratação. Porém, sua complexidade requer conhecer seu público interno com a mesma atenção que você busca conhecer seu cliente, bem como traçar estratégias alinhando suas motivações, aspirações, interesses aos da empresa, buscando comprometimento e engajamento.

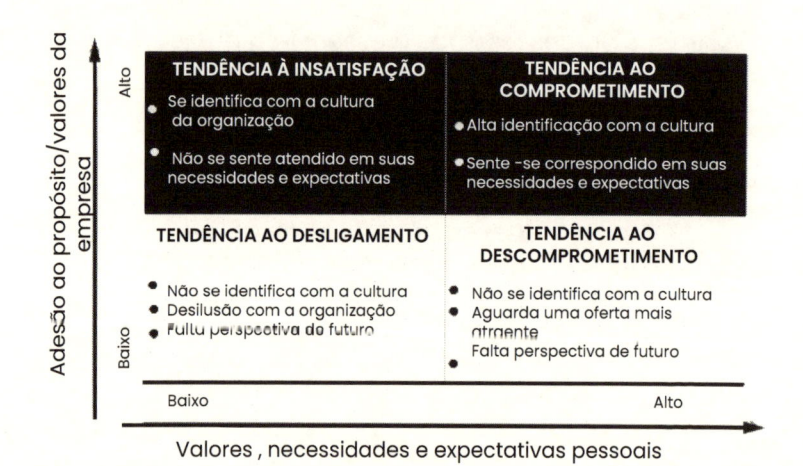

Adesão ao propósito/valores da empresa (eixo vertical: Baixo / Alto)
Valores, necessidades e expectativas pessoais (eixo horizontal: Baixo / Alto)

	Baixo	Alto
Alto	**TENDÊNCIA À INSATISFAÇÃO** • Se identifica com a cultura da organização • Não se sente atendido em suas necessidades e expectativas	**TENDÊNCIA AO COMPROMETIMENTO** • Alta identificação com a cultura • Sente-se correspondido em suas necessidades e expectativas
Baixo	**TENDÊNCIA AO DESLIGAMENTO** • Não se identifica com a cultura • Desilusão com a organização • Falta perspectiva de futuro	**TENDÊNCIA AO DESCOMPROMETIMENTO** • Não se identifica com a cultura • Aguarda uma oferta mais atraente • Falta perspectiva de futuro

Comprometer é diferente de engajar.

Comprometimento: é fazer porque precisa ser feito; é a consciência do compromisso funcional para cumprir meu papel e minhas responsabilidades.
Engajamento: é fazer porque quer fazer; é um envolvimento emocional, uma conexão.

O resultado do trabalho não pode ser o motivo, mas sim a consequência do trabalho.

É um grande desafio comprometer e engajar o time. É o sonho de qualquer empresa ter um time comprometido e engajado conectado à visão e à cultura da empresa.

Mas, afinal, o que leva seu colaborador a deixar a empresa?

O que faz com que os colaboradores entrem, permaneçam ou saiam de uma empresa, frente ao mesmo período do ano anterior a 2020.

	Entrar	Ano após ano	Permanecer	Ano após ano	Sair	Ano após ano
1	Segurança do trabalho	–	Segurança do trabalho	–	Salário competitivo	–
2	Oportunidades na carreira	–	Salário competitivo	2	Localização conveniente do escritório	9
3	Oportunidade de desenvolvimento	1	Oportunidade de desenvolvimento	–	Oportunidade de desenvolvimento	3
4	Salário competitivo	1	Oportunidades na carreira	2	Um trabalho mais interessante	–
5	Trabalho relevante	–	Opções de previdência/aposentadoria	N/A	Oportunidades na carreira	–
6	Um trabalho mais interessante	–	Trabalho relevante	3	Iniciativas de bem-estar financeiro	N/A
7	Opções de previdência/aposentadoria	N/A	Um trabalho mais interessante	5	Opções de previdência/aposentadoria	N/A
8	Localização conveniente do escritório	1	Localização conveniente do escritório	1	Flexibilidade trabalhar remotamente	–
9	Reconhecimento/reputação da marca	1	Meu gerente	7	Meu gerente	7
10	Meu gerente	4	Ambiente de trabalho divertido	–	Trabalho relevante	–
11	Iniciativas de bem-estar financeiro	N/A	Planos de saúde para mim	9	Ambiente de trabalho divertido	4
12	Ambiente de trabalho divertido	1	Iniciativas de bem-estar financeiro	N/A	Flexibilidade de horário	1
13	Missão da empresa	–	Reconhecimento/reputação da marca	2	Segurança do trabalho	10
14	Planos de saúde para mim	2	Missão da empresa	–	Benefícios e vantagens fora o plano de saúde	5
15	Flexibilidade de horário	5	Flexibilidade de horário	11	Missão da empresa	–

Fonte: Relatório Tendências Globais de Talentos Mercer (2020)

a) Treinamento e desenvolvimento

Este é um dos subsistemas que agrega muito valor às organizações e às pessoas.

Tem como objetivo capacitar o time para garantir qualidade nos produtos e serviços e o cumprimento dos desafios de curto, médio e longo prazos.

Treinar e desenvolver (T&D) são conceitos distintos e complementares.

O **treinamento** é orientado para curto prazo, com objetivos de capacitação relacionados a um cargo atual, direcionado aos conhecimentos, habilidades e atitudes necessários para o desempenho de uma determinada posição, bem como para a introdução de novos processos e ferramentas.

O **desenvolvimento** do profissional está associado às possibilidades de ocupação em cargos futuros, com uma visão voltada às competências necessárias para ampliar seu escopo de atuação. Uma perspectiva de médio e longo prazos e de evolução de carreira.

Desenvolvimento organizacional
Desenvolvimento de pessoas
Treinamento de pessoas

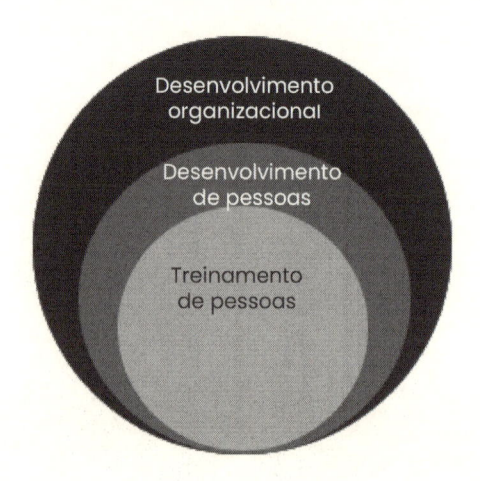

Fonte: Chiavenato (1999).

A estruturação dos programas de T&D pode ser coletiva ou individual e acontece na sequência das etapas de:

• **Diagnóstico** – identificação de necessidades – *gap´s* de competências;

Tipos de T&D

Dentro da grande variedade de tipos de T&D disponíveis, podemos destacar:

- Treinamento Comportamental (*Soft Skill*);
- Treinamento Técnico (*Hard Skill*);
- Desenvolvimento de Lideranças;
- Treinamento de Integração (*Onboarding*).

• **Planejamento** – como será traçada a estratégia de T&D e estruturando o processo, definindo objetivos, conteúdos, formatos – presencial, *on-line,* híbrido –, produção de material didático, cronogramas e orçamento;

• **Execução** – implantação e aplicação do programa;

• **Avaliação/acompanhamento** – analisar resultados é fundamental para avaliar a efetividade do programa, corrigir a estratégia e melhor direcionar os investimentos.

FORMAS DE TRANSMISSÃO DE CONHECIMENTO

- Assistir uma palestra — 5%
- Leitura — 10%
- Utilizando Recursos Audiovisuais — 20%
- Demonstração — 30%
- Discussão em grupo — 50%
- Praticando o conhecimento — 75%
- Ensinando os outros — 90%

ÍNDICE DE RETENÇÃO DE CONHECIMENTO

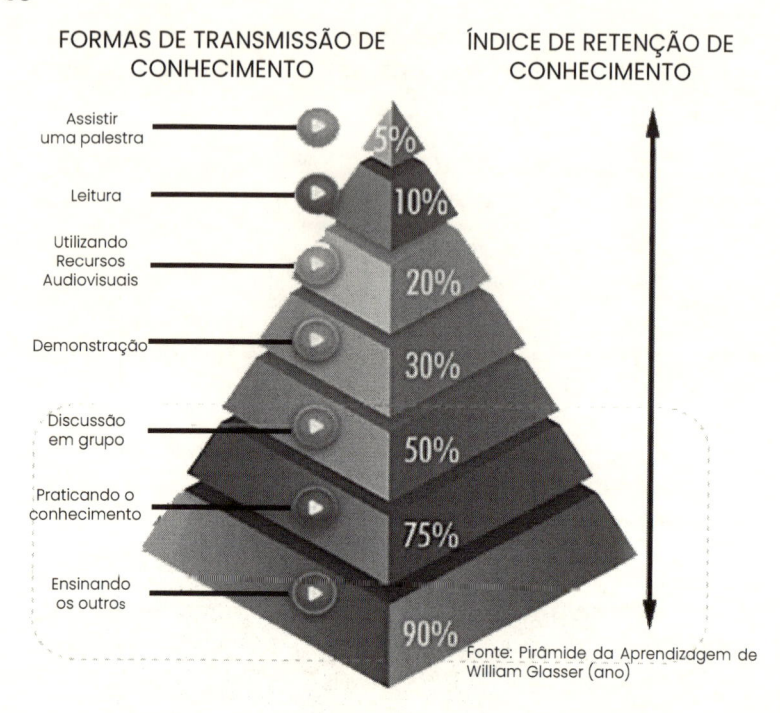

Fonte: Pirâmide da Aprendizagem de William Glasser (ano)

b) Gestão de desempenho por competência

Refere-se à análise sistemática do desempenho do colaborador na empresa, identificando sua contribuição a partir de suas entregas e das competências definidas para a posição, avaliando objetivos e metas, bem como o exercício de suas competências técnicas, comportamentais e gerenciais.

Pode maximizar a produtividade, reorientar investimentos, apoiar a identificação de talentos, reconhecer gaps de competências, subsidiar programas de T&D, direcionar transferências, promoções e desligamento, dentre outros aspectos.

Mas o que é competência? Conjunto de:

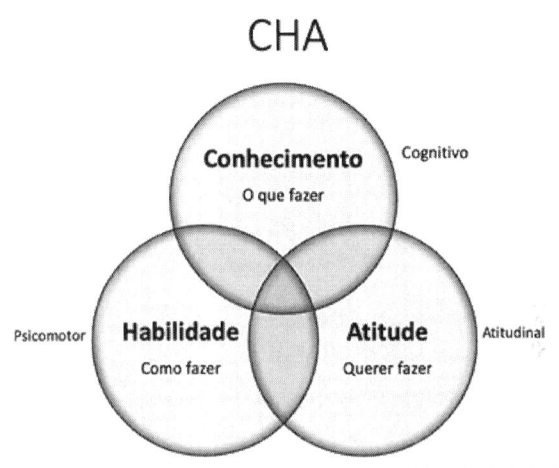

CHA

- Conhecimento — Cognitivo — O que fazer
- Habilidade — Psicomotor — Como fazer
- Atitude — Atitudinal — Querer fazer

Fonte: Prahalad; Hamel (1990).

Quais competências me manterão relevante no futuro?

Segundo tendências apontadas em relatório do Fórum Econômico Mundial 2019

AS 10 COMPETÊNCIAS MAIS VALIOSAS ATÉ 2022

1 Pensamento inovador e analítico;
2 Aprendizado ativo e estratégias de aprendizado;
3 Criatividade, originalidade e iniciativa;
4 Tecnologia, design de programação;
5 Pensamento crítico e analítico;
6 Resolução de problemas complexos;
7 Liderança e influência social;
8 Inteligência emocional;
9 Racionalidade, resolução de problemas e ideação;
10 Análise e avaliação de sistemas.

Etapas de formalização do processo de avaliação de desempenho

- Mapeamento, definição e conceituação das competências organizacionais e técnicas;
- Definição da metodologia/ferramentas de avaliação a serem adotadas;
- Definição da estratégia de implantação;
- Capacitação das lideranças como avaliadores de desempenho;
- Comunicação interna com o público-alvo;
- Implantação e aplicação;
- Processo de *feedbacks* estruturados e contínuos;
- Tabulação, calibração e análise de dados;
- Elaboração de plano de ação: recontratação de metas de desempenho.

É um processo que pressupõe *feedback* contínuo, construindo uma relação de parceria entre líder e liderado na busca de adoção de medidas relativas a:

01 — O que está sendo feito e você deve CONTINUAR fazendo

02 — O que você está fazendo e deve DEIXAR de fazer

03 — O que você não está fazendo e DEVERIA fazer

Recontratar a performance, com apoio, orientação, disciplina e determinação, pode ser uma dinâmica com agenda positiva e ganhos para você, para o time e para a empresa.

Mas o que é feedback?

> "É a capacidade de uma pessoa em expressar, de forma clara, direta e respeitosa, a sua percepção sobre a atuação do outro e como esta reflete no ambiente"
>
> Conceição Lacerda[4]

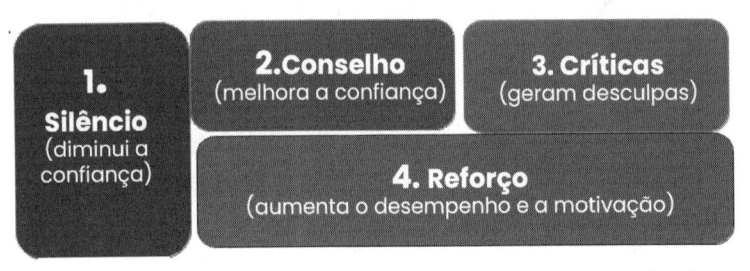

1. Silêncio (diminui a confiança)

2. Conselho (melhora a confiança)

3. Críticas (geram desculpas)

4. Reforço (aumenta o desempenho e a motivação)

Fonte: Minor (2005).

Passos para o feedback:

1. Inicie em linhas gerais, dizendo o que pensa sobre o colaborador;
2. Levante os pontos positivos;
3. Reconheça o bom trabalho, por meio de exemplos;
4. Aborde oportunidades de melhoria (áreas que merecem aprimoramento);
5. Ilustre com fatos e dê exemplos;
6. Ouça;
7. Construa em conjunto um plano de desenvolvimento;
8. Mostre que você conta com ele para os desafios propostos;
9. Apoie e estimule seu crescimento.

---

[4] A profª. Conceição Lacerda atua nas áreas de Gestão de Pessoas, Liderança e desenvolvimento há mais de 35 anos. É doutoranda em Administração, mestra em administraçã com ênfase em gestão do capital humano e graduada em psicologia. Tem atuado em empresas como GPA, Viavarejo, BRFoods, Lojas Marisa e outras.

O Que Fazer	O Que não Fazer
• Preparar o feedback.	• Delegar o feedback e fazer comparações
• Oferecer feedback direto e específico (basear-se em fatos e não em sentimentos)	• Fazer críticas em público
	• Ser destrutivo, culpar, acusar, julgar, rotular
• Respeitar as diferenças individuais (evitar interpretações sobre a personalidade / caráter)	• Queixar-se a alguém ou divulgar dados do feedback
• Falar no próprio nome e não fazer referência a terceiros ("muita gente já falou isso de você")	• Evitar ou demorar a fazer
	• Não ouvir o outro e supor que só a sua interpretação é correta
• Avaliar o desempenho de todo o período	
• Realinhar as expectativas	• Ser indireto
• Orientar e dar apoio	

c) Recompensa

Reconhecer a contribuição e a importância do colaborador é o grande objetivo nas arquiteturas de recompensa das empresas. Não representa um fim, mas sim um meio para o alcance de objetivos mútuos. Seu direcionamento tem como base estratégias e objetivos empresariais, interesses e necessidades do time, bem como alinhamento às constantes transformações de um mercado cada vez mais competitivo. Além disso, busca-se equilíbrio interno e externo, estimulando desempenhos superiores, desenvolvimento de competências, crescimento profissional e obtenção de resultados.

O sistema de recompensa é traduzido por um conjunto de instrumentos aderentes à realidade da empresa que possa espelhar sua cultura de gestão de gente, que seja percebido como justo e transparente e que estimule a adoção de comportamentos desejáveis.

Dessa forma, mais uma vez, a visão do negócio, considerando posicionamento, momento, orçamento disponível, práticas do mercado, bem como o conhecimento do público interno, seus desejos e necessidades, representa considerações fundamentais para assertividade e efetividades desses sistemas, agrupando, assim, várias iniciativas que possam reconhecer e gratificar o desempenho do time, com impacto direto na atração e na retenção, no clima organizacional, na fidelização, na produtividade e na qualidade das entregas, pontos refletidos, muitas vezes, nos índices de e-NPS.

Classificamos, aqui, algumas ações mais usuais que expressam reconhecimento, geram maior aproximação afetiva e sentimentos de conquista e que podem ser implementadas.

Extrínseca/material

• Remuneração variável	Remuneração extra, baseada em metas individuais e/ou coletivas: PLR/bônus por performance;
• Pacote de benefícios –	Flexíveis ou não, como plano de saúde, assistência odontológica, bolsa de estudos, vale alimentação, vale refeição, seguro de vida, automóvel, etc.;
• Incentivo de longo prazo	ILP - Previdência privada, *Employee Stock Ownership Plan* (ESOP) –materializando o empregado/acionista;
• Programas de incentivo diversos	Campanhas de venda, gincanas de metas, torneios regionais.

Intrínsecas/imaterial

Elogios – tão simples e tão eficientes – especialmente se forem feitos em público;

Participação em projetos especiais – atividade extra *accountability* da posição, possibilitando aprendizados e novas experiências relacionadas à inovação e melhorias de processo;

Participação em fóruns especiais – eventos corporativos, reuniões especiais, celebrações, plenárias executivas, etc.;

Programas de desenvolvimento – participação em congressos, feiras, viagens técnicas, palestras, etc.;

Premiações – simbólicas associadas ao desempenho, como certificados, troféus, pins, viagens, jantares, eventos, shows, teatros, etc.;

Oportunidades de carreira – políticas de progressão de carreira, possibilitando crescimento profissional;

Criação de ações, espaços e ambientes – para integração e descontração, área de lazer, convívio social, descompressão, atividades esportivas, etc.

Para todos esses instrumentos de recompensa, a comunicação interna exerce papel fundamental para esclarecer ao colaborador o mecanismo e o alcance dos programas, para que ele reconheça suas metas, políticas e regras de funcionamento do sistema e traga a visão de compensação total como o uso simultâneo de diversas formas de recompensa.

d). Gestão de Clima

Tem como objetivo mapear o ambiente da empresa, com informações que irão direcionar a estratégia e a gestão. É uma oportunidade especial das lideranças para ouvir o público interno, entender suas expectativas e necessidades, identificar sua percepção da liderança, da cultura, de práticas e políticas, condições de trabalho e identificar o nível de engajamento, bem como adotar medidas corretivas, orientar planos de ação, inovar e envolver as pessoas como corresponsáveis na construção de um ambiente de trabalho favorável e saudável para todos os envolvidos.

Possibilita, também, intervenções pontuais, uma vez que as avaliações desfavoráveis podem estar mais associadas apenas a uma determinada área/liderança da empresa.

As pesquisas de clima podem trazer alguma complexidade no processo e, muitas vezes, também gerar expectativas nem sempre correspondidas pelos respectivos responsáveis, com o risco de "descrença" como efeito rebote, motivo pelo qual recomenda-se a formalização de uma pesquisa quando apenas a empresa, a liderança e o RH, efetivamente, desejam fazer investimentos, mudanças e melhorias na gestão – comunicando os resultados da pesquisa, oferecendo *feedbacks* a todos os envolvidos e apresentando os respectivos planos de ação para melhoria do clima organizacional.

Muitas empresas, hoje, já optaram por adotar a metodologia simples e eficiente do *Employee Net Promoter Score (e-NPS)*, uma medida de satisfação geral do seu cliente interno (também aplicável junto ao cliente externo) com uma simples pergunta: "Em uma escala de 0 a 10, qual a probabilidade de você recomendar nossa empresa como um lugar para trabalhar?", que classifica seus colaboradores em três grupos:

Respostas de 0 a 6	Detratores: são os insatisfeitos, que não indicam a empresa para trabalhar e podem causar danos ao clima atração e retenção e à reputação da empresa;
Respostas de 7 a 8	Neutros: estão satisfeitos, mas com algum grau de indiferença; podem

Respostas de 9 a 10 — ser facilmente seduzidos pelo mercado;

Promotores: colaboradores com alto grau de lealdade relacionado ao vínculo de trabalho com a empresa.

Classificação de colaboradores segundo o *Employee Net Promoter Score (e-NPS)*[5]

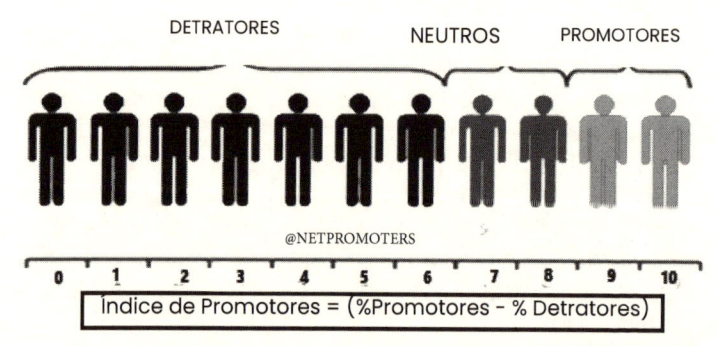

DETRATORES NEUTROS PROMOTORES

@NETPROMOTERS

0 1 2 3 4 5 6 7 8 9 10

Índice de Promotores = (%Promotores - % Detratores)

Fonte: Ricardo Hirata

Algumas empresas podem adotar mais duas ou três perguntas para enriquecer a pesquisa, ou até ferramentas mais completas e sofisticadas.

Seja qual for a metodologia/ferramenta adotada, é importante garantir o sigilo para um *feedback* honesto. Passos para implementação:
• Definir estratégias, metodologias e ferramentas;
• Estabelecer sua periodicidade, para contribuir com o aperfeiçoamento do processo e dos resultados;
• Definir um plano de comunicação para estimular a participação, explicar a importância da pesquisa e garantir privacidade das respostas;

---

5   Ricardo Hirata é psicólogo e psicanalista, possui mestrado em Ciências da Religião pela Pontifícia Universidade Católica de São Paulo

- Elaborar perguntas com o direcionamento adequado para evitar interpretações equivocadas;
- Realizar a análise dos resultados para tomar medidas preventivas ou corretivas.

O grande objetivo é identificar se o ambiente da empresa é favorável e quais aspectos devem ser priorizados, trazendo mais transparência, aprendizagem e experimentação às relações – entendendo os sentimentos que aumentam a fidelização.

e) *Endomarketing* e comunicação interna

O *endomarketing* e a comunicação interna são segmentos com objetivos complementares que compõem a comunicação corporativa.

Endomarketing é um conjunto de ações de marketing direcionadas para o colaborador, com o objetivo de fortalecer a imagem da empresa junto ao público interno – muitas vezes, com ações conjuntas entre as áreas de RH e MKT.

Direcionado ao propósito da organização, o *endomarketing* utiliza ferramentas multidisciplinares que, integradas à gestão, incentivam e motivam os colaboradores na obtenção de resultados econômicos e humanos.

Comunicação interna é uma ferramenta poderosa e necessária para promover o alinhamento do diálogo e a confiança no relacionamento do colaborador com a empresa, integrando, padronizando e oficializando informações relevantes e estratégicas do ambiente corporativo – de forma transparente, simples e acessível.

Ambas são estratégicas e favorecem:
- O fortalecimento da cultura organizacional;
- O clima interno;
- A produtividade;
- A atração, a integração, o reconhecimento e a retenção;

- O engajamento;
- O colaborativismo inter e entre áreas;
- A integração do novo colaborador;
- Qualificar a participação do profissional no dia a dia da empresa. Se bem estruturadas, podem:
- Minimizar boatos, fofocas e a "rádio peão";
- Apoiar a gestão de crises, eventos inesperados, etc.

Etapas importantes na construção da comunicação corporativa:

- Conhecimento profundo da empresa e do público interno;
- Definição das diretrizes estratégicas;
- construção de um plano de ação;
- Definição de canais, ferramentas, conteúdos, interlocutores, segmentação de público-alvo;
- Cronogramas e orçamento;
- Acompanhamento dos impactos e dos resultados – ouvir o público interno e criar uma via de mão dupla, com envolvimento das lideranças em todas as etapas.

Vale lembrar que a comunicação é uma forte ferramenta de gestão e uma responsabilidade intransferível das lideranças. Nas figuras a seguir, podemos acompanhar a força do seu alcance e o potencial do seu impacto no time.

O papel da comunicação

Ação /Atitude — Engajar
Comportamento — Envolver
Aceitação — Influenciar
Inspiração — Provocar reflexão
Entendimento — Esclarecer
Conhecimento — Informar

Repetir dados | "Reforçar" Feedback | Decisões e ações às claras | Fazer "acontecer"

Como os líderes entendem a comunicação

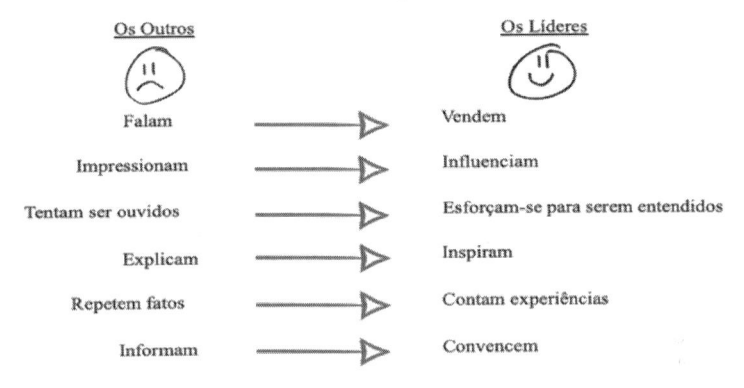

Os Outros		Os Líderes
Falam	→	Vendem
Impressionam	→	Influenciam
Tentam ser ouvidos	→	Esforçam-se para serem entendidos
Explicam	→	Inspiram
Repetem fatos	→	Contam experiências
Informam	→	Convencem

3. Desligamento

a. Programa de Preparação para Aposentados (PPA)

Com o aumento da longevidade, a aposentadoria vem ganhando novos contornos e muitas pessoas ainda se sentem produtivas e com muita energia.

A saída da empresa motivada pela aposentadoria pode ter um sabor de demissão e trazer sentimentos de angústia, frustração e até falta de reconhecimento. Criar um programa de apoio nesse momento tão complexo e delicado pode ser bastante útil para o colaborador e legitimar a humanização e o respeito, mesmo em um momento de desligamento, como também planejar previamente a sucessão.

É um processo de cunho pessoal, natural e inevitável no ciclo de vida, com mudanças biológicas, psicossociais, fisiológicas e econômicas que, portanto, devem receber tratamento individualizado. São programas conduzidos pelo RH, com o apoio da liderança, e geralmente com envolvimento da família, que idealmente deveria ser iniciado nos dois anos que antecedem a aposentadoria. Seu objetivo é proporcionar um momento de reflexão assistido, avaliando vantagens e desvantagens, ganhos e perdas, com ações voltadas para o pós-carreira e para uma aposentadoria saudável, com preparação para essa transição, tais como:

- Orientação sobre regras previdenciárias e políticas de aposentadoria;
- Organização da documentação necessária;
- Educação financeira – planejamento financeiro, reservas, investimentos;
- Fontes de renda da família x custo do atual padrão de vida, eliminação de gastos supérfluos;
- Saúde – situação do convênio médico, orientação alimentar, exames preventivos, atividades físicas;
- Conscientização da imagem corporal;
- Material educativo, textos de apoio;
- Melhoria dos laços conjugais, familiares, novos hábitos;
- *Coaching* revisão do estilo de vida, planejamento do novo ciclo, autoconhecimento, escolhas, definição de novos objetivos, iniciar uma nova profissão, empreender, mentoria, docência, etc.;
- Solução de pendências;
- Treinamento para empreendedorismo.

O grande objetivo é transformar este em um momento único, com a oportunidade de fazer escolhas antes impensáveis, ir em busca de desejos, sonhos antigos, ações que possam gerar prazer e qualidade de vida e descoberta de novas atividades – mesmo que o plano seja descansar, pode haver interesse por cursos, trabalhos voluntários, *hobbies*, etc.

Enfim, ressignificar a vida, entendendo a aposentadoria como uma conquista, não um fardo a carregar.

b. Entrevistas de desligamento

Elas são instrumentos de gestão para investigação, na visão do colaborador, dos motivos de desligamento, seja ativo ou passivo – com iniciativa da empresa ou do colaborador, objetivando obter feedbacks, bem como entender seu ponto de vista sobre a realidade da empresa.

Possibilitam a obtenção de informações valiosas em um momento de saída, em que o ex-colaborador pode expressar sua opinião e até dar sugestões de forma mais confortável, por não ter mais vínculo contratual com a empresa – informações essas que, recebendo tratamento adequado, podem subsidiar planos estratégicos e ajustar planos de ação do RH e das lideranças na gestão de pessoas.

Requerem desenvolvimento cuidadoso de todo o processo:
- Definição de estratégia, metodologia e processo a serem adotados;
- Construção das ferramentas de apoio;
- Realização de entrevista;
- Tabulação e análise de dados;
- Formulação de melhorias;
- Plano de ação.

Atenção especial deve ser dada para a **realização da entrevista**. Deve-se:
- Evitar a entrevista no mesmo dia do comunicado do desligamento, escolhendo um momento adequado;
- Buscar mais estabilidade para minimizar os impactos da notícia;
- Estabelecer uma dinâmica com um diálogo estruturado, com bom nível de abertura e empatia, sem julgamentos e reatividade;
- Oferecer uma escuta respeitosa e acolhedora.

Tabulação e análise de dados: considerando que é um momento crítico, de grande impacto emocional, a arte, aqui, é valorizar as informações, eliminando a possível contaminação com ressentimentos.

O escopo do roteiro da entrevista pode considerar:
- Imagem da empresa;
- Cultura, práticas e políticas;
- Ambiente, condições de trabalho e clima interno;
- Relação com a liderança, os pares e os subordinados (quando for o caso);
- Desempenho da área e de outros setores;
- Atuação do RH;
- Carreira;
- Comunicação corporativa;
- Pontos críticos, comentários diversos;
- Sugestões;
- Razões do desligamento – quando voluntário.

c. Apoio à recolocação

A empresa pode, também, quando possível e adequado, oferecer orientações para a recolocação:

- *Feedback* estruturado com pontos positivos/negativos;
- Orientação de carreira;
- Preparação de CV;
- Treinamento para entrevistas de seleção, games e dinâmicas para processos seletivos;
- Divulgação do currículo nas redes sociais e em empresas parceiras.

Muitas empresas não dão atenção devida a este momento do desligamento, mas os instrumentos aqui relacionados podem ser de grande valia não só na obtenção de diagnósticos que irão retroalimentar todas as práticas que afetam a gestão de pessoas, bem como buscando fortalecer a cultura da empresa e legitimar sua preocupação e valorização com as pessoas, seu compromisso com a humanização, gerando um grande impacto na imagem da empresa para os que vão e para os que ficam.

As empresas e as pessoas dizem muito do que são, especialmente no momento de rescindir contratos.

Parte 3 – Revezes e aprendizados

Fábio chegou em casa derrotado, e, apesar do visível abatimento, insistia em afirmar que estava muito bem. Depois de cinco dias mantendo a rotina de ir trabalhar, em um dos jantares da família, resolveu confessar que estava desempregado. Havia sido demitido na semana anterior, mas não encontrou coragem para contar. Depois de 19 anos no banco, sentia-se envergonhado e ressentido... Tanta dedicação, e agora "descartado".

Apesar de Fabiana estar comovida com a situação do pai, para ela não havia surpresa: era uma tragédia anunciada, o estilo de liderança adotado pelo pai já não tinha mais espaço para sobrevivência. Além de toda a arbitrariedade, das dificuldades de lidar com um time diverso e multigeracional, Fábio não se renovou, não se atualizou, e o time, desgastado, já não correspondia às demandas, comprometendo os resultados da agência; era o pior NPS do banco.

Com todas as dificuldades em gestão de pessoas, o ciclo de vida do pai no Banco era um cronômetro em contagem regressiva que anunciava o "fim do jogo".

Para Fabiana, a realidade era outra: com a troca de liderança, agora vivia um momento favorável, que ainda não havia experimentado. O chefe anterior funcionava como uma "tampa" que dificultava seu desenvolvimento e motivação.

Agora, ela conseguia ser ouvida, pedir apoio, dar sugestões. O diálogo foi estabelecido e, de repente, ao colocar o crachá para ir à empresa, já não sentia a angústia de quem "tem que" cumprir mais um dia de trabalho.

Agora se sentia útil em seu trabalho e, quanto mais reconhecida, mais ela se sentia comprometida.

Começou a estudar e a se dedicar para contribuir ainda mais e foi surpreendida com um curso on-line oferecido pela empresa. Seu ânimo profissional destoava do momento do pai. E, naquele dia, depois de muitos debates, o jantar foi feito em silêncio. Já não cabia mais mostrar para o pai a diferença que um bom líder pode fazer na vida de uma empresa e de uma pessoa.

Por sua vez, Fábio, sentindo-se vítima, creditou todo ônus do fim da sua trajetória ao banco. A filha até tentou fazê-lo refletir: o que ele poderia ter feito de diferente para não perder o emprego tão estimado? Mas ele só conseguia pensar em como recomeçar aos 49 anos.

HORA DA VERDADE... PARA REFLETIR

- Crescer dói
- O sucesso pode cegar e te limitar
- As empresas querem escolher seus colaboradores, mas também querem ser escolhidas
- As pessoas são contratadas pelo que fazem e desligadas pelo que são
- Contratações ocorrem pela experiência/formação e desligamentos pelas atitudes
- Liderar pessoas requer técnica, arte e sabedoria
- As experiências do colaborador com a empresa refletem na jornada do cliente – para o bem e para o mal
- No mundo da gestão de pessoas, valores são significativos e detalhes importam
- Equipes qualificadas representam grande vantagem competitiva
- Desenvolvimento não deve ser visto como um evento pontual – aprendizagem contínua e holística
- Capacitar é, também, reduzir retrabalho – custo invisível
- Conhecimento não ocupa espaço
- Conhecimento é um patrimônio que você pode dividir, compartilhar e ainda assim continuar com ele
- Você também é responsável pelo clima da empresa
- Retenção sempre custa menos que contratação

VI. GESTÃO DE PESSOAS EM TIMES MULTIGERACIONAIS

Não bastasse toda a complexidade inerente à gestão de pessoas, as diferenças geracionais trazem a este desafio uma dinâmica de muitas oportunidades, mas também aumentam consideravelmente o seu grau de dificuldade. Diferenças, fonte de muitos conflitos relacionados às pessoas e às organizações, que impactam atitudes, comportamentos, hábitos, decisões, escolhas, desempenho... Resultados.

• Não podemos classificar uma geração apenas pela data de nascimento; outros elementos também constituem um grupo geracional, como:

• Presença de eventos que possam causar disrupção ao processo histórico;

- Vivência desse momento por membros de um grupo etário durante o processo de socialização.

Processando e adotando modos de pensar, experiências e acontecimentos de modo semelhante em vários segmentos – lazer, esporte, moda, música...

As memórias coletivas modelam valores, hábitos e comportamentos das pessoas e suas expectativas em relação ao trabalho, definindo um contrato psicológico baseado nessas expectativas.

Portanto, a cultura de gestão de pessoas influencia, assim, a ativação de uma identidade geracional e a interação intergeracional.

A gestão dessas diferenças é um dos elementos de diversidade, de muita relevância na agenda das lideranças, um grande aprendizado para entender e gerenciar forças de trabalho tão distintas em um mesmo ambiente/realidade estratégica.

As gerações estabelecem-se por características relativamente estáveis de um grupo de pessoas que pode ser classificado e categorizado em grupo de indivíduos que compartilham características semelhantes, gerando um novo padrão de comportamento.

Segundo Karl Mannheim (apud FLEIXA; LECCARDI, 2010), em um artigo de 1952, geração é definida como parte do processo histórico que indivíduos da mesma idade e classe social compartilham.

O grande desafio com demandas nada homogêneas é: compreender e lidar com essas diferenças, para minimizar os conflitos, elevar a produtividade e reter talento.

VETERANOS 1925-1944	Viveram a Segunda Guerra Mundial, marcados por crises econômicas e todas as incertezas e privações típicas de um estado de guerra. Geralmente com personalidades mais rígidas, consequência das dificuldades enfrentadas. Respeitam fielmente as regras e seus princípios e valores são a moral, a família e o trabalho. Atraídos pela estabilidade, muitos, já aposentados, preferem hierarquias rígidas, ficaram anos, e até a vida toda, em uma mesma empresa e/ou cargo.
BABY BOOMERS 1945-1964	Com a explosão demográfica pós-guerra, o crescimento econômico e tecnológico, nasceram em pleno movimento *hippie*, quebraram paradigmas. Viveram grande transformação cultural disseminada pela grande mídia com a chegada da TV, alterando o comportamento dos jovens, com ideais de liberdade, feminismo, movimentos raciais, etc. Enfrentaram a censura da ditadura civil/militar. Identificam-se com o trabalho, valorizam a rede de contatos para crescimento profissional. Apresentam menos intenção em sair da empresa. São mais satisfeitos, esperam menos das lideranças

mais jovens e são mais críticos da juventude. São colaboradores assíduos, estáveis e apresentam longas carreiras na mesma empresa, às vezes no mesmo cargo.

GERAÇÃO X 1965-1980	Embora identifiquem-se com o trabalho, é a primeira geração a pensar que a vida não se resume ao trabalho. Querem ser reconhecidos pela dedicação e o compromisso pela carreira e empresa, mas com tendência de olhar o mercado mais constantemente. Adaptam-se facilmente a cargos de confiança e têm maior resistência a mudanças e interesse pela estabilidade profissional. Esperam, em cargos de chefia, uma postura de reverência e obediência à sua visão. Estão no auge da carreira. Ativos, *workaholics*, dinâmicos, pensam também em empreender. O desafio é lidar com a tecnologia e acompanhar as mudanças. Sentem-se pressionados pela Geração Y em casa e no trabalho.
GERAÇÃO Y 1981-1999	Também chamados de *Millennials*, hoje comandam o mercado de trabalho. Por meio deles, a tecnologia acelerou e evoluiu. Procuram desafios, dinamismo, prazer no trabalho, flexibilidade, qualidade de vida, *feedbacks*, reconhecimento, bom

ambiente e interesse em trabalhar com empresas socialmente responsáveis. São mais flexíveis e tolerantes a erros. Apresentam níveis mais baixos de comprometimento com as organizações. Colocam os valores pessoais e o senso de propósito acima do lucro da empresa. O significado do trabalho é fundamental para eles. Privilegiam os interesses individuais e menor valor com a estabilidade nas empresas, são abertos a mudanças, sempre conectados, valorizam participar das decisões e oportunidades de aprendizados, manifestam certa impulsividade e individualismo.

GERAÇÃO Z

2000

Não conhecem o mundo sem tecnologia, já nasceram pulando fases.
Geração silenciosa, sempre com o fone de ouvido. Tendem ao egocentrismo, vivem no próprio mundo. Cultuam relações superficiais. Para eles, quase não existe diferença entre o mundo *on-line e off-line*. O contato virtual sobrepõe-se ao mundo real; vivem mergulhados no mundo virtual. Com suas redes sociais, estão transformando a história, conectando *stakeholders*, alterando o senso de grupo, a forma de se comunicar, interagir e consumir. O sucesso tem que vir rápido e os passos de carreira devem ser de-

senhados com foco no curto prazo. Começam a ingressar no mercado de trabalho, envolvem-se rapidamente com as tarefas, têm facilidade em produzir sozinhos e remotamente, privilegiam os trabalhos que para eles são importantes e significativos. Buscam um mundo melhor, acreditam no colaborativismo, questionam a falta de consciência e ações em *Environmental, Social and Governance (ESG)*, tão ignoradas pelas demais gerações.

Mas o que essas gerações buscam na carreira? Um estudo realizado pela Randstad, líder global em solução de recursos humanos, analisou os perfis geracionais para entender o que elas esperam do mercado de trabalho.

Perfis geracionais e relação com o mercado de trabalho

Gerações	Baby Boomers	Geração X	Geração Y	Geração Z
O que buscam no mundo corporativo	57% optam por melhores oportunidades de carreira	32% consideram o regime flexível um fato importante	27% preferem um empregador bem localizado	37% buscam boas oportunidades de treinamento
Motivos pelos quais permanecem na organização	38% continuam por saúde financeira ou ambiente de trabalho agradável	52% permanecem por salários e benefícios atraentes	32% permanecem quanto têm bom conteúdo profissional	34% permanecem quando a empresa possui uma administração robusta
Motivos pelos quais saem de uma organização	33% saem por terem poucas alternativas flexíveis de trabalho	37% perdem o interesse por falta de reconhecimento ou recompensas	22% preferem sair quando a organização oferece poucos benefícios	25% saem por falta de desafios
Onde querem trabalhar?	28% querem ter o próprio negócio	14% não têm grande preferência	8% preferem atuar em startups	45% preferem trabalhar em multinacionais

Fonte: Estudo Randstad (2021).

O segredo é aproveitar e valorizar as diferenças. Para isso, é importante reconhecê-las e extrair o que elas têm de melhor em benefício da empresa e de todos os envolvidos.

Um projeto de parceria entre RH e lideranças favorece a diversidade geracional na gestão de pessoas. Por isso, é importante:

• Definir objetivos e metas comuns, que tragam o sentido do propósito. É bem provável que as pessoas unam-se em torno de uma mesma causa, independente das diferenças individuais. O time ganha força e identidade;

• Superar os estereótipos e preconceitos do tipo: os *Millennials* são imaturos, os *Baby Boomers* são resistentes às mudanças;

• Estabelecer um canal aberto de comunicação que facilite o diálogo;

• Ouvir com interesse e dar espaço para contribuições, sugestões e críticas;

- Identificar os pontos comuns tendo em mente que as características pessoais são representadas por vários fatores, não se resumem aos geracionais. Ajudar o grupo a se reconhecer em seus interesses, estimular a empatia. Concentrar-se apenas nas diferenças não nos permite perceber que temos muito em comum;
- Criar oportunidades de relacionamento e de convivência entre seus colaboradores, em especial os de diferentes gerações. Investir em ambiente, *layout*, espaço social, lazer, etc.;
- Estimular interações, parcerias e atitudes colaborativas. A tendência é a formação de subgrupos ligados a interesses semelhantes. Diversificar participações em *workshops*, projetos especiais, eventos, etc.;
- Ter visões diferentes contribui para soluções mais assertivas e valiosas. Crie oportunidades de troca de conhecimento, perspectivas, experiências. Alem do caráter complementar, isso pode favorecer o desenvolvimento de todos. As pessoas fortalecem-se quando enriquecem e ampliam suas visões;
- Ao atribuir desafios, delegar novas tarefas e compor novos projetos, considerar as diferenças como cada geração processa atribuições, horários, tecnologia envolvida, trabalho em grupo, necessidade de autonomia, recursos disponíveis, etc.;
- A liderança na gestão da mudança de projetos deve ser cuidadosamente implantada e monitorada. Evite generalizações, comparações nas entregas, declarações preconceituosas, presumir e decretar que todos absorvem mudanças da mesma forma;
- Explorar o potencial individual, otimizando e valorizando as diferenças e adequando características a cada demanda dos projetos, mostrando que competência não é prerrogativa geracional;
- Valorizar o desempenho individual e do grupo, buscando reconhecimento entre o time, com confiança e respeito pelas diferenças;
- Ter atenção aos conflitos, naturais em times multigeracionais, que podem ganhar grandes proporções se ignorados;

- Convidar o time para focar em soluções;
- Tarefas colaborativas deixam expostas as contribuições, trazendo a real importância da participação de todos e suas respectivas diferenças traduzidas pela forma de cada um pensar, agir e reagir – uma dinâmica que pode trazer equilíbrio, harmonia, valorização das visões distintas e úteis para otimizar os resultados em benefício de todos;
- Ser modelo de valorização da diversidade. Diferença não é defeito, não é demérito. Fazer uso das diferenças é o que dá abertura para o crescimento, é inclusivo, amplia horizontes, atualiza, complementa, enriquece e maximiza a performance;
- Testar um processo de mentoria reversa – em que as gerações Y e Z aportem mentoria para as gerações Baby B e X, e vice e versa, com foco nos gaps típicos de cada uma delas, como tecnologia, gestão, processo decisório, comunicação, relações interpessoais, etc. – que, se bem aplicado, pode trazer proximidade, empatia e grandes ganhos de aprendizagem para todos;
- Aplicar programas de recompensa, práticas em gestão de pessoas e políticas de RH pode buscar um esforço dirigido a adequar iniciativas às características e expectativas das diversas gerações. Previdência privada é, naturalmente, mais valorizada por *Baby Boomers* e X; já horários flexíveis podem fazer mais sentido para Y e Z, que também podem valorizar/ necessitar de *feedbacks* contínuos, *coaching*, plano de carreira, ações de engajamento... Já para *Baby Boomers* e X, apoio com treinamentos em tecnologia, programas de planejamento da aposentadoria, etc.

Como o encolhimento da carreira está afetando as gerações?

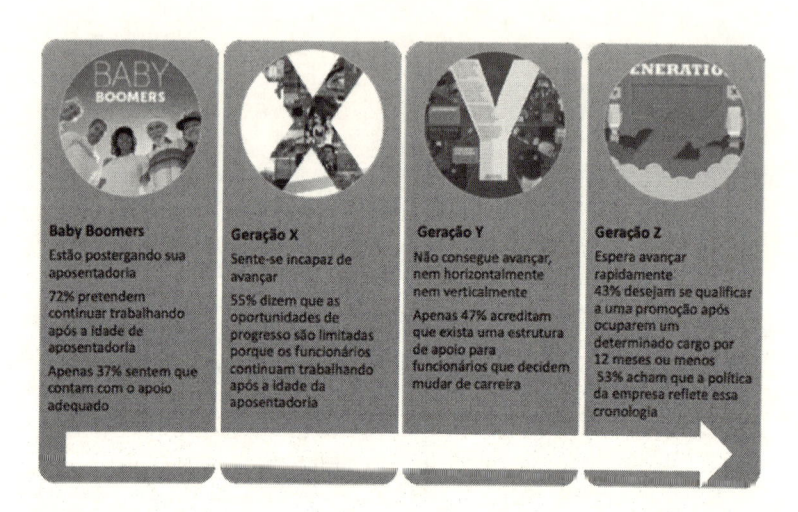

Baby Boomers
Estão postergando sua aposentadoria
72% pretendem continuar trabalhando após a idade de aposentadoria
Apenas 37% sentem que contam com o apoio adequado

Geração X
Sente-se incapaz de avançar
55% dizem que as oportunidades de progresso são limitadas porque os funcionários continuam trabalhando após a idade da aposentadoria

Geração Y
Não consegue avançar, nem horizontalmente nem verticalmente
Apenas 47% acreditam que exista uma estrutura de apoio para funcionários que decidem mudar de carreira

Geração Z
Espera avançar rapidamente
43% desejam se qualificar a uma promoção após ocuparem um determinado cargo por 12 meses ou menos
53% acham que a política da empresa reflete essa cronologia

Relatório Tendências Globais de Talentos Mercer (2020)

Embora seja comum a maioria dos RHs focar e definir planos de ação por agrupamento de posições hierárquicas, deve-se dar atenção especial a reposicionar e revisitar estratégias de gestão de pessoas, considerando que:

• A ideia de hierarquia é uma mudança em curso, com tendência de transformações significativas no modelo de gestão;
• A realidade impõe-se e, hoje, as organizações convivem com pelo menos três gerações, podendo, em futuro próximo, ter cinco gerações em um mesmo time.

Muitos fatores estão invadindo o mundo corporativo: transformação digital, economia colaborativa, humanização, igualdade de posições, metodologia ágil, dentre outros, somando-se à exposição e ao impacto que as redes sociais têm no conhecimento, na interatividade e na conexão de todos os *stakeholders*.

É hora de rever estratégias e se antecipar, ajustar e trazer respostas às tendências. Liderar uma transformação que também é cultural.

Parte 4 – A pleno vapor

Desde que Fabiana foi promovida, a tradição dos jantares em família ficou ameaçada.

Agora, na sua primeira posição de liderança, além das viagens constantes, as reuniões no final do dia a impediam de participar desses preciosos momentos com os pais.

Fabiana, uma guerreira, parecia ter um motor interno, um gerador de energia e força que a projetava a superar metas. Uma pedra bruta sendo lapidada por um líder que a inspirava e desafiava a ser cada dia melhor que ontem.

Ela gostou de ser esta nova Fabiana, sentia prazer em estar onde estava e sentia-se útil... E também consciente de toda a sua responsabilidade.

Agora buscava se aperfeiçoar, agarrava toda oportunidade de desenvolvimento com a determinação de quem decidiu ser uma grande líder. Entendendo que a liderança constrói-se a cada dia, em cada atitude, em cada posicionamento.

Apesar de sentir falta da presença da filha, Fábio acompanhava seu trabalho com orgulho e admiração – chegou até a deixar seu CV com ela, na esperança de que pudesse, agora, apoiá-lo na saga de recolocar-se.

Na vida como gestora, Fabiana vivia momentos de muitas conquistas, mas também de muitos dilemas, inseguranças. Apesar de amar seu pai herói, não via nele uma referência de liderança que a pudesse aconselhar, ser seu mentor. E logo ela percebeu o peso da solidão e do cargo.

Resolveu, então, escrever um livro – um diário de um gestor de gente, compartilhando suas dificuldades e as soluções que encontrou com muitos outros profissionais que a apoiaram nessa jornada.

Esse projeto ganhou repercussão e hoje está na editora, que pretende publicá-lo.

Um líder deixando seu legado.

HORA DA VERDADE... PARA REFLETIR

- Melhore sua vida, mas não só a sua
- Conviver com outras gerações oxigena a mente
- Descubra seu propósito e ganhe uma nova vida
- Estímulos corretos geram comprometimento
- Use e abuse de dados para alinhar o RH à estratégia da organização
- Vencer é bom, mas iluminar o caminho dos outros pode ser melhor ainda
- Requalifique o time para uma nova economia mundial
- Democratize o acesso à aprendizagem
- Crie e contamine com uma cultura que se preocupa com o outros
- Conheça quem está com você. Por que ele vem trabalhar todos os dias?
- Experiência boa de trabalho é aquela que melhora a vida das pessoas
- Mantenha-se conectado, quem não está *on* está *off*
- Produza energia e estimule a cocriação coletiva

VII. TENDÊNCIAS EM RECURSOS HUMANOS

Ter futuro é um grande privilégio. Melhor ainda é saber que este futuro chega um dia de cada vez e que temos tempo suficiente para reconhecer a evolução, construir novos paradigmas, inovar e gozar do privilégio de ter um novo futuro.

Gosto da ideia de Peter Drucker[6] quando ele diz que "A melhor forma de prever o futuro é criá-lo". Ela contém uma boa dose de autonomia, de liderança, de independência, de liberdade e de sabedoria de escolhas.

Para criar esse futuro, acredito em planejamento, em liderar movimentos, em um círculo virtuoso de três grandes momentos:

---

6   Petersburgo Drucker (Viena, 1909-2005), escritor, professor e consultor, considerado o "Pai da Administração".

Círculo das tendências em RH

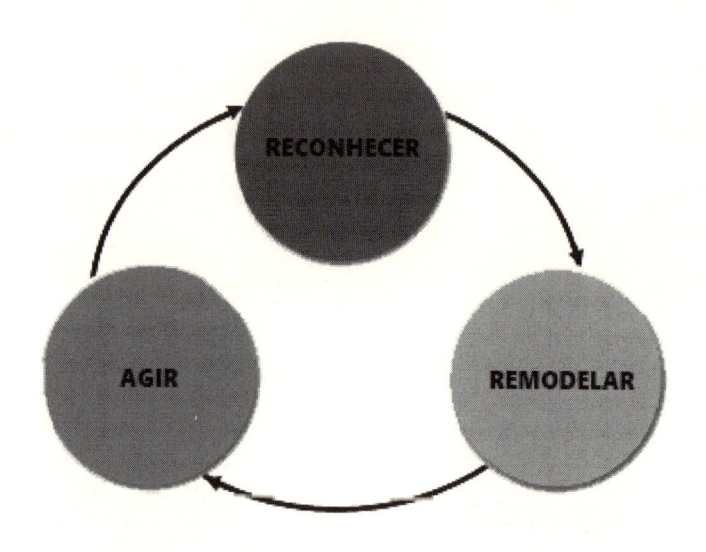

- Reconhecer - tendências/entender mudanças;
- Remodelar - inovar, trazer novas soluções;
- Agir - implantar, fazer acontecer.

> A área de RH deveria ser a grande ativadora deste círculo virtuoso, como um agente de mudança para os novos desafios que se apresentam, inspirando, estimulando, apoiando e requalificando as pessoas para esse futuro.

RECONHECER

A vida está em movimento contínuo. São necessários dados, informações, abertura e estudo para estarmos atentos às tendências e anteciparmos fatos. Sempre houve uma grande curiosidade com o futuro; antever dá-nos um sentimento de vantagem, de poder. Mas nem mesmo Nostradamus – médico francês –, em sua obra mais famosa, As profecias, com versos que supostamente contêm previsões codificadas do futuro, poderia prever que teríamos à nossa disposição tanta tecnologia, como, por exemplo a sofisticação da Inteligência Artificial (IA) com redes neurais artificiais, algoritmos, sistemas de aprendizado, dentre outros fatores que conseguem simular capacidades humanas ligadas à inteligência, e que esta seria uma grande aliada preditiva para percepção de ambientes e habilidade de análise para a tomada de decisão. Tecnologias que podem processar grande quantidade de dados e reconhecer padrões serão muito úteis. Quanto mais dados, mais precisos eles se tornam, dando-nos maior visão e compreensão.

Conhecer as pessoas, reconhecer e estudar tendências são elementos-chave para a inovação efetiva na gestão de pessoas, buscando entender a direção em que o futuro está se desenvolvendo, os acontecimentos econômicos, sociais, políticos, tecnológicos, legais e ambientais que vão sendo incorporados gradativamente ao comportamento das pessoas e influenciando seus hábitos e suas escolhas e que irão afetar sua relação com o trabalho.

REMODELAR

A riqueza de instrumentos disponíveis para a gestão de pessoas só faz sentido se estes estiverem sendo continuamente remodelados, antecipando atender às expectativas e necessidades da organização e dos colaboradores.

O início desta nova década promete trazer grande impacto inter e entre áreas do RH nas organizações – ampliando significativamente seu escopo de atuação e tendo a tecnologia ainda mais fortemente como grande aliada, trazendo economia, agilidade, acuracidade, flexibilidade e mobilidade e favorecendo a adoção de novas práticas, redesenhando processos, introduzindo novas ferramentas em gestão de pessoas e impactando práticas como:

•Atratividade de seleção *on-line*, com processos automatizados e gameficação, trazendo vantagens para candidatos e organização;
•Treinamentos e desenvolvimento multiculturais adaptados às diversidades de gerações;
•Treinamento e desenvolvimento *on-line*, trazendo acessibilidade e flexibilidade para definição de conteúdo, local, horário, etc.;
•Métricas mais robustas que possam demonstrar com maior precisão os impactos e os benefícios das práticas de RH;
•Identificação e retenção de lideranças e talentos estratégicos;
•Ferramentas de análise de desempenho;
• *People analytics* – coletar, processar e analisar dados para alocação e desenvolvimento da força de

trabalho com maior precisão e de forma mais estratégica;
• Monitoramento de gestão de desempenho como um processo continuado com *feedbacks* em tempo real;
• *Chatbots* buscando aprimorar e personalizar a experiência do colaborador nos diversos processos de gestão de pessoas.

E tantas outras iniciativas que devem ser inspiradas e apoiadas pelo conhecimento do seu público-alvo, tendências, humildade para rever crenças e reaprender, arrojo e criatividade para inovar e reposicionar a cultura e a estratégia do capital humano.

Capacitação Humana e Tecnológica são igualmente cruciais na transformação do trabalho

Quais são as principais ações que estão ou estarão em prática para a transformação do trabalho

Ação	%
Criando práticas para que pessoas e máquinas trabalhem juntos	~15%
Reestruturação da organização para suportar novos resultados do trabalho	~22%
Estabelecimento de novas práticas de trabalho, políticas e incentivos	~30%
Implementação de novas tecnologias	~35%
Desenvolvimento da força de trabalho por meio de qualificação, requalificação e mobilidade	~42%
Construção de cultura organizacional que celebre crescimento, adaptabilidade e resiliência	~45%

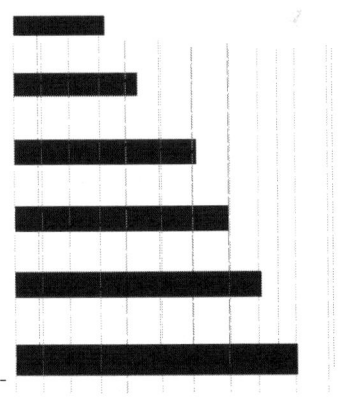

Fonte: The 2021 Deloitte Human Capital Trends Survey (2021).

AGIR

RH e TI, duas áreas que devem ser muito demandadas nesta próxima década.

Mas sabemos que gestão de pessoas não se limita à área de RH, bem como gestão da tecnologia não se limita a um departamento.

Pessoas e tecnologia coabitam o mesmo espaço empresarial, a mesma cultura, o mesmo mercado, trazendo com mais evidência a realidade, os dilemas e desafios de ambientes paradoxais, com times ambidestros, em que nativos tecnológicos convivem com imigrantes tecnológicos.

Lideranças, RH e TI estão com a agenda de prioridades emergentes para conduzir uma grande transformação no ambiente empresarial:

- Revisitar a cultura e a estratégia;
- Acelerar a transformação digital;
- Introduzir novas metodologias – como ágil;
- Contratar, desenvolver e reter times ambidestros;
- Oferecer aprendizados associados ao fluxo de trabalho, aplicados em momento real às necessidades do colaborador;
- Propor soluções para o *design* que favoreçam o bem-estar individual e coletivo;
- Requalificar – explorar área de interesse, privilegiando o potencial e a escolha do colaborador para adaptação e capacitação em resolução de problemas críticos do negócio, à medida que a organização e os ecossistemas evoluem;

- Dar voz e autonomia ao colaborador, para que este possa ter chance de identificar suas competências e voluntariar-se para o trabalho com que mais se identifica, frente às prioridades críticas do negócio – quebrando, assim, as restrições dos modelos tradicionais de planejamento e gestão de pessoas;
- Desbloquear o capital humano, ambiente de aprendizagem contínua e inovação;
- Redefinir prioridades da força de trabalho;
- Adotar uma abordagem mais rigorosa para a diversidade e a igualdade de oportunidades;
- Propor um ativismo corporativo e de colaboradores, com programas de voluntariado, favorecendo um papel mais ativo nas questões sociais;
- Adotar liderança inclusiva – transformar o ecossistema a partir de atitudes de inclusão e formação de talentos capazes de alavancar negócios;
- Criar cultura colaborativa, sem perder a individualidade;
- Produtividade – muito já se falou, mas pouco foi feito – criar modelos de desempenho a partir de *people analytics*;
- Inovar em *blockchain*.

Desafios da transformação

%	Desafio
41%	Recursos e competências futuras da força de trabalho
41%	Falta de compreensão e necessidade de transformação
40%	Implantação inadequada de novas tecnologias
39%	Diminuição a confiança e da motivação do funcionário
38%	Mecanismo de comunicação abaixo do ideal
36%	Capacidade da organizaçã para financiar mudanças
34%	Inércia e resistência à mudança (mentalidade rígida)
34%	Disposição da diretoria para executar o cronograma de mudanças
32%	Fadiga decorrente da troca de funcionários

Fonte: Relatório Tendências Globais de Talentos Mercer (2020).

Especialmente o ano de 2020 ficará marcado na história.

Em apenas um ano, o mundo teve que se reposicionar, sem tempo hábil para organizar a transição para uma vida em isolamento. A pandemia acelerou a tecnologia, transformou hábitos, dinâmica de trabalho, relações sociais, sistemas de aprendizagem, etc.

Entramos em "modo sobrevivência" do dia para a noite; sentimos as consequências e as angústias de quando o bem-estar é colocado em risco e as dificuldades diárias de manter a segurança da saúde física, mental e financeira dos nossos colaboradores e clientes.

A humanização das relações já era um tema ascendente na agenda de gestão de pessoas, sinalizando grandes mudanças nas relações de trabalho. Agora, ganha ainda mais relevância na forma como valorizamos e cuidamos das pessoas dentro das organizações que, mesmo sem muito preparo, encontraram-se obrigadas a priorizar bem-estar físico e mental dos colaboradores, ficando esse tópico em primeiro lugar nas agendas das lideranças no mundo todo.

As principais preocupações dos executivos com relação à força de trabalho

	2019	2020
Favorecer a saúde e o bem-estar dos funcionários	-	48%
Expectativas dos funcionários com relação a uma exeriência digital no trabalho que não demande treinamento especial	48%	47%
Automação no trabalho	42%	44%
Economia GIG (colaborativa)	42%	42%
Reserva de talentos cada vez mais diversificada	46%	39%

Fonte: Relatório Tendências Globais de Talentos Mercer (2020).

Com a mesma dinâmica, a transformação digital já vinha ocorrendo em vários setores, mas a crise sanitária enfatizou o quanto o acesso digital é essencial, impactando nossas vidas social e profissional, mostrando o quanto a tecnologia pode ser uma grande parceira ao minimizar os efeitos do distanciamento, possibilitando o trabalho, o contato social e o estudo remoto.

Mas, por outro lado, tudo isso não só deixou claras as desigualdades de inclusão e acesso, mas também ampliou ainda mais essas diferenças.

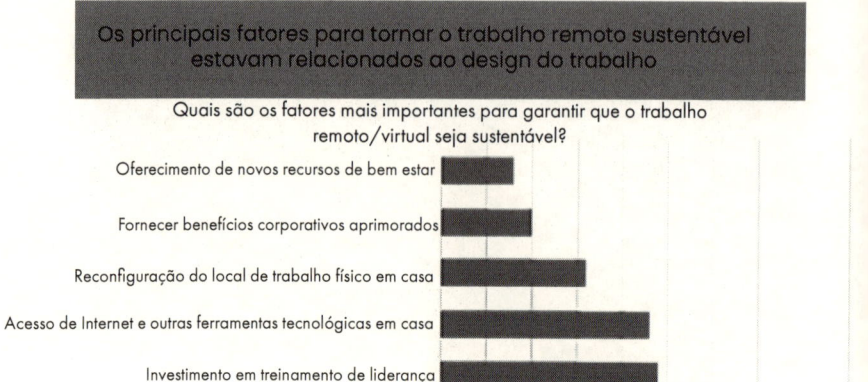

Os principais fatores para tornar o trabalho remoto sustentável estavam relacionados ao design do trabalho

Quais são os fatores mais importantes para garantir que o trabalho remoto/virtual seja sustentável?

Fator	%
Oferecimento de novos recursos de bem estar	~7%
Fornecer benefícios corporativos aprimorados	~10%
Reconfiguração do local de trabalho físico em casa	~15%
Acesso de Internet e outras ferramentas tecnológicas em casa	~23%
Investimento em treinamento de liderança	~24%
Adequação de horários e regras de reuniões	~30%
Permitir a escolhe pessoal na determinação de como o trabalho é feito	~35%
Introdução de plataformas digitais de colaboração	~38%

Fonte: The 2021 Deloitte Human Capital Trends Survey (2021).

A economia digital, impulsionada pela tecnologia e pela inteligência artificial (IA), muito provavelmente irá revolucionar os negócios e a sociedade, e todos sabemos que as pessoas não estão preparadas para uma demanda de qualificação contínua.

De acordo com a Associação Brasileira de Empresas de Tecnologia da Informação, o Brasil introduz, no mercado de trabalho, 46 mil pessoas com perfil tecnológico por ano, para uma demanda de 70 mil/ano.

Como corresponder a este *gap*? Em que prazo?

É urgente o lançamento de programas de otimização em tecnologia que possam:

- Criar oportunidades para nossos jovens – muitas vezes subaproveitados;
- Estimular a inclusão de mulheres, que hoje representam apenas 15% dos profissionais de TI;

- Requalificar profissionais que já estão no mercado de trabalho;
- Dar impulso na disrupção significativa da força de trabalho.

De acordo com o Fórum Econômico Mundial, IA e automação devem criar 58 milhões de novos empregos até 2022.

Reviravoltas sem precedentes pedem novas estratégias na força de trabalho, trazendo riscos ao capital humano:

- Incapacidade de vencer gaps de competências em tempo;
- Tempo excessivo para preencher posições, especialmente em tecnologia;
- *Pipeline* de liderança escasso;
- Produtividade defasada;
- Agilidade na tomada de decisão.

Humanização, bem-estar e tecnologia, a princípio, parecem paradoxais, mas, na verdade, sinalizam o quanto se faz urgente remodelar e imprimir velocidade às transformações no mercado de trabalho.

Bem-estar foi a tendência de maior importância – 80% – em um estudo da Deloitte, em 2020, sobre tendências do capital humano.

É necessário integrar bem-estar com tecnologia, legislação e *design* do trabalho. É um desafio de grandes proporções!

Com a pandemia, experimentamos o home office em grande escala e juntar um grande número de pessoas em um mesmo escritório, reuniões frequentes presenciais, períodos fixos de trabalho, deslocamentos – tudo já não se mostrou tão óbvio. Contratar pessoas em outro Estado ou país já não representa impedimento, trazendo maior acesso na adequação de perfil e quebrando limites geográficos. Descobrimos também que podemos automatizar várias tarefas – seja por meio de robôs ou IA, redefinindo emprego a suas utilidades.

Mas, talvez o grande desafio seja mesmo entender e promover o bem-estar.

Fatores que influenciam a felicidade

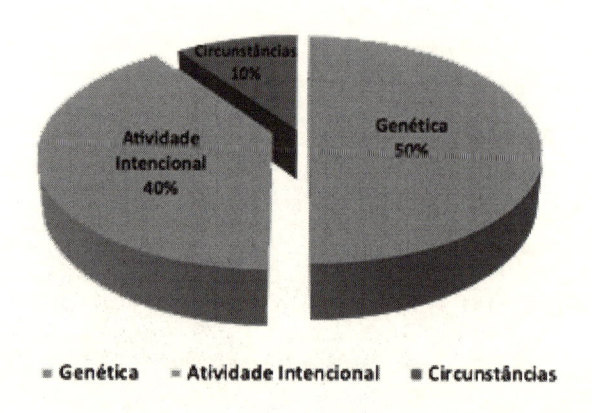

Fonte: Adaptado de Lyubomirsky et al. (2005).

As atividades intencionais ocorrem quando relacionadas a experiências prazerosas e de propósito – são as gratificações que podem contribuir para o bem-estar. Os prazeres da satisfação de necessidades homeostáticas, como fome, sede, sexo e conforto corporal.

As gratificações vão além destas, tais como: tarefas desafiadoras, convívio social, atividades esportivas, realização artística, praticar o bem, etc.

Devem estar relacionadas a melhorar forças e virtudes pessoais, conduzindo ao crescimento pessoal e ao estado de bem-estar mais duradouro, com tarefas desafiadoras que exijam habilidade, concentração, objetivos claros, *feedback* imediato, envolvimento, participação e senso de controle.

É preciso entender do que se trata o bem-estar.

A crença de que existem maneiras rápidas de alcançá-lo não é verdadeira.

O bem-estar é uma conquista por meio do exercício de forças e virtudes pessoais. É o exercício intencional de 24 forças pessoais agrupadas em seis virtudes, como propõe Seligman[7].

---

7   Martin Seligman, nascido em 1942, nos Estados Unidos, é psicólogo, professor da Universidade Pensilvânia e autor com contribuição significativa na área de Psicologia Positiva.

Seis virtudes	Vinte e quatro forças
I. Conhecimento	1. Curiosidade e interesse no mundo 2. Amor por aprender 3. Pensamento crítico e lucidez 4. Originalidade e inteligência prática 5. Inteligência pessoal, social e emocional 6. Perspectiva
II. Coragem	7. Bravura e valor 8. Perseverança e dinamismo 9. Integridade e autenticidade
III. Amor e humanidade	10. Bondade e generosidade 11. Amar e aceitar ser amado
IV. Justiça	12. Cidadania e espírito de equipe 13. Imparcialidade 14. Liderança
V. Moderação	15. Autocontrole 16. Prudência e discrição 17. Humildade e modéstia
VI. Transcendência	18. Apreciação da beleza e excelência 19. Gratidão 20. Esperança e otimismo 21. Espiritualidade e senso de propósito 22. Perdão e misericórdia 23. Bom humor 24. Entusiasmo

Fonte: Adaptado de Seligman (2009)

Dessa forma, o grande desafio para a gestão de pessoas é uma nova visão de que bem-estar não vem de conciliar trabalho com vida pessoal, mas sim de integrá-los.

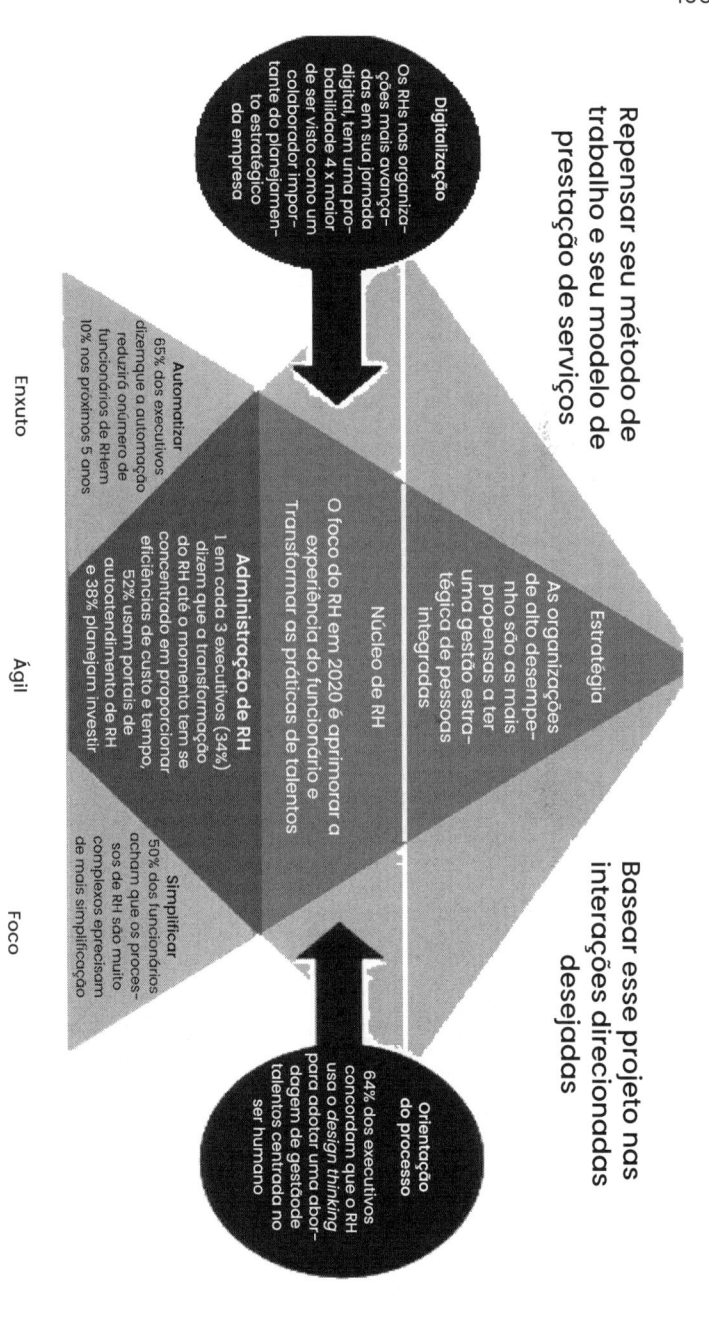

Repensar seu método de trabalho e seu modelo de prestação de serviços

Digitalização
Os RHs nas organizações mais avançadas em sua jornada digital, tem uma probabilidade 4 x maior de ser visto como um colaborador importante do planejamento estratégico da empresa

Estratégia
As organizações de alto desempenho são as mais propensas a ter uma gestão estratégica de pessoas integradas

Núcleo de RH
O foco do RH em 2020 é aprimorar a experiência do funcionário e Transformar as práticas de talentos

Administração de RH
1 em cada 3 executivos (34%) dizem que a transformação do RH até o momento tem se concentrado em proporcionar eficiências de custo e tempo, 52% usam portais de autoatendimento de RH e 38% planejam investir

Automatizar
65% dos executivos dizem que a automação reduzirá o número de funcionários de RHem 10% nos próximos 5 anos

Simplificar
50% dos funcionários acham que os processos de RH são muito complexos e precisam de mais simplificação

Orientação do processo
64% dos executivos concordam que o RH usa o design thinking para adotar uma abordagem de gestão de talentos centrada no ser humano

Basear esse projeto nas interações direcionadas desejadas

Enxuto
26% dos departamentos de RH criaram um equipe fluida que consegue responder às diferentes prioridades da empresa

Ágil
77% dos executivos acham que o RH precisa se transformar ainda mais para ser mais ágil em sua atuação

Foco
69% dos executivos acham que o RH precisa repensar seu paradigma

Fonte: Relatório Tendências Globais de Talentos Mercer (2020)

PENSE GRANDE PENSE PESSOAS - Cidinha Fonseca

VIII. PROPÓSITO E VISÃO DE FUTURO

Seja você um líder, um profissional de RH, um colaborador; seja você de qualquer geração em qualquer posição – todos nós somos responsáveis por gestão de pessoas.

A forma como encaramos o trabalho e entendemos seu significado pode dizer muito sobre nossa consciência, nosso prazer e nossa história profissional.

Na minha infância, uma única vez, despretensiosamente, meu pai contou uma história que guardo até hoje. Talvez eu não consiga ser tão precisa nos detalhes, mas serei fiel à moral dela.

Em uma pequena cidade, a única jornalista de um único jornal semanal foi destacada para fazer uma pequena matéria de uma obra local para a construção de uma igreja.

Chegando ao local, ela se preparou para entrevistar dois operários que trabalhavam nessa obra. Ambos faziam exatamente a mesma tarefa, porém um na entrada e outro nos fundos da futura igreja.

Na primeira entrevista, eles se apresentaram e a pergunta foi feita:

— Sr. Carlos, o que o senhor está fazendo?

O homem, muito irritado respondeu:

— Dona, a senhora não está vendo? Neste sol escaldante, estou aqui assentando tijolos.

— O senhor gostaria de acrescentar algo?

Ele respondeu que não, que apenas gostaria de terminar logo e voltar para casa.

A jornalista seguiu, então, para a segunda entrevista, fazendo exatamente as mesmas perguntas:

— Sr. Mário, o que o senhor está fazendo?

O homem interrompeu o trabalho, colocou a pá no chão, limpou o suor do rosto e, visivelmente emocionado, respondeu:

— Dona, eu tenho o privilégio e o orgulho de participar da construção da primeira igreja da minha cidade, a cidade onde nasci. Este será um lugar sagrado que todos — meus filhos, futuros netos e toda a população — poderão frequentar. Um verdadeiro presente que ficará para sempre na história desta cidade. Saber que fiz parte, mesmo com tão pouco, me deixa muito honrado. Estas paredes terão também a minha marca.

A jornalista agradeceu, voltou para o jornal e, inspirada por aquele simples e sábio homem, fez uma linda matéria que, mais do que informar sobre a obra em andamento, trouxe a mensagem preciosa da visão e da força de um propósito.

E assim, o que era para ser uma simples matéria virou capa do jornal. E, para mim, virou uma lição que me acompanha a vida toda, sempre que inicio um novo projeto.

Meu propósito no projeto deste livro foi, em breves palavras, compartilhar um pouco do que vivi nestes 45 anos dedicados à gestão de pessoas.

Mas compartilhar é ainda muito pouco; queria tocar seu coração, contagiar seus pensamentos, invadir sua rotina e te convocar para esta nobre causa:

- desenvolver;
- desafiar;
- apoiar;
- cuidar da nossa gente como você gostaria que cuidassem de você e da sua família.

Pense nisso:

O futuro agradece.

IX. GLOSSÁRIO

Accountability – responsabilidade com ética que remete à obrigação e à transparência de membros de um órgão administrativo ou representativo de prestar contas a instâncias controladoras ou a seus representados.

Ambiente tóxico – fica caracterizado quando há um desequilíbrio do clima organizacional de uma empresa ou de uma determinada área da companhia, causando estresse excessivo (ou distresse), desentendimentos e reclamações. Um ambiente tóxico pode afetar a saúde física e mental dos colaboradores, aumentando os riscos de **burnout,** por exemplo. Geralmente, nesses ambientes, é possível verificar uma mescla de metas inatingíveis, trabalho sob pressão, falta de comunicação e gestão equivocada.

Benchmarketing – trata-se de uma forma de análise estratégica que tem como base observar e entender as boas práticas que vêm sendo adotadas por outras empresas, negócios ou marcas. A ideia é buscar referências que podem ser interessantes para ajudar a melhorar o negócio da empresa que está fazendo o *benchmarking*. Normalmente, essa comparação é feita com companhias do mesmo setor. Mas, em vários casos, é realizada também com empresas de outras áreas que estejam adotando estratégias interessantes para estimular a inovação ou a diversidade, por exemplo.

Blockchain – Também conhecido como "o protocolo da confiança", é uma tecnologia de registro distribuído que visa à descentralização como medida de segurança. São bases de registros e dados distribuídos e compartilhados que têm a função de criar um índice global para todas as transações que ocorrem em um determinado mercado. Funciona como um livro-razão, só que de forma pública, compartilhada e universal, que cria consenso e confiança na comunicação direta entre duas partes, ou seja, sem o intermédio de terceiros.

Board – os conselhos de administração, ou boards, são uma espécie de colegiado e surgiram na década de 1980, nos Estados Unidos e na Inglaterra, para alinhar os interesses dos acionistas à gestão executiva. Companhias de capital aberto, sociedade anônima (S.A.), instituições financeiras e seguradoras são obrigadas, por lei, a ter conselhos.

Brainstorming – é uma dinâmica em grupo em que um mediador propõe um debate em torno de um desafio ou de uma nova oportunidade de negócio e pede aos participantes que compartilhem as ideias inovadoras que tiverem a respeito do tema. Num primeiro momento, não pode haver filtros ou julgamentos do tipo: certo ou errado. Depois que todas as ideias estiverem agrupadas, começa um processo de refinamento até que, ao final, seja possível chegar a uma solução ideal, capaz de nortear o desenvolvimento do projeto.

Burnout – a síndrome de *burnout* é um distúrbio psíquico causado pela exaustão extrema, sempre relacionada ao trabalho de um indivíduo. Essa condição também é chamada de "síndrome do esgotamento profissional" e afeta quase todas as facetas da vida de um indivíduo.

Chatbot – ferramenta para conversar com pessoas em linguagem natural por meio de aplicativos de mensagens, *sites* e outras plataformas digitais. Pode responder por diretrizes pré-programadas ou inteligência artificial. O objetivo é responder às perguntas de tal forma que as pessoas tenham a impressão de estar conversando com outra pessoa, e não com um programa de computador.

Coaching – processo que visa a elevar a performance de um indivíduo (grupo ou empresa), aumentando os resultados positivos por meio de metodologias, ferramentas e técnicas cientificamente validadas, aplicadas por um profissional habilitado (o *coach*), em parceria com o cliente (o *coachee*).

Cultura do elogio – também chamada de cultura do reconhecimento, a cultura do elogio vem ganhando destaque nas organizações. Ao reconhecer aquilo que está sendo bem feito, a empresa, o gestor e mesmo um colega de trabalho reforçam o comportamento positivo da pessoa que está sendo elogiada, aumentando sua motivação e melhorando o clima organizacional. Não se trata do elogio pelo elogio, e sim de criar um ambiente meritocrático, onde as pessoas são valorizadas por seu desempenho e não apenas criticadas quando algo sai errado.

Cultura organizacional – é um conjunto de valores, práticas e comportamentos adotados em uma empresa que acabam definindo também como ela se posiciona interna e externamente. Para que essa cultura seja bem-sucedida, é necessário que todos os colaboradores compreendam a visão, a missão e os valores da empresa. A visão é aonde a companhia quer chegar em determinado período, a missão é o propósito da empresa e os valores englobam ética, respeito, confiança e forma de gerir pessoas e lidar com fornecedores, por exemplo. Cada empresa tem a sua cultura.

Design thinking – surgida na década de 1970, nos Estados Unidos, essa abordagem é muito utilizada em *startups* e em áreas de inovação dentro de empresas. Em um processo colaborativo e muitas vezes multidisciplinar, o *design thinking* busca a solução de problemas tendo, no centro, as pessoas, os usuários da solução ou do produto. Entre suas fases, estão a imersão, de onde surgem os *insights*, a ideação, a prototipação e a realização. Trata-se de um processo não-linear, que inclui testes e iterações.

Diversidade e inclusão (D&I) – programas de diversidade e inclusão têm cada vez mais espaço nas empresas, a ponto de as mais modernas já terem criado diretorias específicas para cuidar do tema. As primeiras políticas nessa área surgiram para incluir no mercado de trabalho pessoas com deficiência (PCDs). Mas elas foram se expandindo, para garantir espaço a pessoas de diferentes gêneros, raças e religiões, assim como zelar pela diversidade etária nas companhias.

Economia GIG – é uma economia alternativa que consiste em pessoas com trabalhos temporários, como autônomos, freelancers e serviços como Uber e Airbnb. A Economia GIG é resultado da flexibilização do mercado de trabalho diante da era digital.

Employer branding – usar um conjunto de ações entre os colaboradores da empresa para promover maior bem-estar, engajamento e retenção.

Empreendedorismo – é a habilidade de reconhecer desafios como oportunidades e desenvolver soluções capazes de gerar resultados positivos para a economia e a sociedade. O resultado pode ser tanto um produto ou serviço inovador quanto um projeto de impacto social. Em resumo, significa pensar "fora da caixa", analisar o mercado e criar algo diferente, capaz de se destacar no mercado.

EX (*employee experience*) – o termo designa o ponto de vista do colaborador, a forma como ele avalia a empresa em quesitos como clima organizacional, liderança, plano de carreira, salário e benefícios. O tema tem surgido com mais força no ambiente corporativo, porque ações que têm como objetivo melhorar a experiência do colaborador tendem a aumentar o engajamento dos colaboradores, atrair talentos, garantir qualidade de vida e resultados nos negócios.

ESG – é um índice que avalia as operações de uma empresa conforme seus impactos em três eixos: **Environmental, Social and Governance** (meio ambiente, social e governança).

Employee Stock Ownership Plan (ESOP) – é quando os colaboradores de uma empresa possuem ações nela. Os colaboradores, geralmente, adquirem ações por meio de um plano de opção de ações. Esses planos podem ser seletivos ou planos para todos os colaboradores.

Feedback – é a capacidade de uma pessoa expressar, de forma clara, direta e respeitosa, sua percepção sobre a atuação do outro e como esta reflete no ambiente.

Follow-up – nada mais é do que o acompanhamento periódico – que pode ser diário, semanal ou quinzenal, por exemplo – das atividades de uma área/equipe ou de demandas de projetos específicos. Esse acompanhamento pode ser feito em reuniões, videochamadas ou simples trocas de e-mail com os envolvidos no projeto. Não se assuste ao ouvir também o termo FUP.

Gamificação – é o uso de mecânicas e características de jogos para engajar, motivar comportamentos e facilitar o aprendizado de pessoas em situações reais, tornando conteúdos densos em materiais mais acessíveis, normalmente não associado a jogos.

Gap – representa a lacuna, um espaço aberto, que ainda precisa ser preenchido. Em termos de desenvolvimento profissional, por exemplo, pode ser aquilo que falta ao candidato para ser contratado e ao colaborador para conseguir a promoção.

Hard skill – termo usado por profissionais de recursos humanos para definir habilidades que podem ser aprendidas por meio de livros e cursos. São as habilidades técnicas que podem ser validadas através de testes objetivos ou pela apresentação de um certificado de conclusão de um curso.

Headhunter – recrutadores especializados em alinhar os interesses de contratação das empresas e os profissionais disponíveis no mercado. São muito utilizados no processo de recrutamento em áreas executivas.

Hierarquia – estrutura traduzida por níveis dentro da organização, com clara delimitação de responsabilidades, de nível de poder de decisão e de remuneração. Continua sendo considerada necessária em muitas instituições para fins de distribuição de tarefas e responsabilidades. Entre as startups, no entanto, é pouco utilizada.

Human capital management – em bom português, é o processo de gestão de talentos ou de "capital humano". Inclui tanto a capacidade de identificação de talentos quanto o desenvolvimento de políticas que ajudem a reter esses colaboradores de desempenho acima da média, oferecendo oportunidades concretas de evolução de carreira na organização.

Insider – membro de qualquer grupo de pessoas de número limitado e acesso geralmente restrito.

Inteligência emocional – é a capacidade de reconhecer e administrar suas próprias emoções corretamente, assim como entender as emoções dos demais envolvidos, seja qual for a situação. Quanto mais inteligência emocional um profissional tiver, maiores serão as chances de ele conseguir atingir o nível de sucesso a que se propôs. Desenvolver a inteligência emocional é possível e recomendável em todas as faixas etárias. Até porque ter apenas habilidades técnicas já não é suficiente para o mercado de trabalho. O reconhecimento profissional depende cada vez mais do profissional ter essa capacidade de dominar emoções e temperamentos.

KPI – sigla em inglês para **Key Performance Indicator** ou, simplesmente, indicador-chave de desempenho. O termo também é visto com frequência no plural, KPIs, já que várias vezes as empresas decidem usar mais de uma métrica para mensurar o sucesso de seus projetos.

Mentoria – mentoria/tutoria é um relacionamento em que uma pessoa mais experiente ou mais informada ajuda a orientar uma pessoa menos experiente ou menos informada. O mentor pode ser mais velho ou mais jovem do que a pessoa que está sendo mentorada, mas deve ter uma determinada área de especialização.

Metodologia ágil – metodologia que torna os processos mais simples, dinâmicos e iterativos, da concepção da ideia até o produto final. Entre suas principais características, destacam-se: desenvolvimento incremental, ou seja, de melhoria contínua e cooperação entre equipe e cliente (ciclo de *feedback* constante).

Mindsight – é um teste que avalia sua mentalidade e sua inteligência fluida, ou seja, como você encara as situações cotidianas para obter performance. Ele leva em consideração a capacidade pessoal de resolver problemas de forma imediata.

Motivação – esse termo pode ser explicado como motivos que levam uma pessoa a realizar uma determinada ação (motivo + ação). Alguns especialistas, tendo como base essa descrição, afirmam que não é possível motivar outras pessoas, apenas a si mesmo. O máximo que bons líderes conseguiriam fazer, então, seria criar espaço e oferecer razões para que as pessoas motivem-se por si mesmas a realizar tarefas ou cumprir objetivos.

Mundo V.U.C.A. – o termo V.U.C.A. é um acrônimo formado pelas iniciais das palavras: *volatility* (volatilidade), *uncertainty* (incerteza), *complexity* (complexidade) e *ambiguity* (ambiguidade). Embora não seja um conceito novo – surgiu na década de 1980 –, é cada vez mais usado no cenário corporativo, que a cada dia tem se tornado mais desafiador. Impulsionado pela revolução econômica, o mundo V.U.C.A. tem proporcionado o surgimento de novas tecnologias, modelos de negócio e soluções disruptivas.

Necessidades homeostáticas – necessidades homeostáticas ou fisiológicas têm como objetivo a manutenção do equilíbrio interno do organismo, de forma a regular os níveis sanguíneos de sal, açúcar, proteínas, gorduras, oxigénio, cálcio, equilíbrio ácido-base e temperatura, dentre outros parâmetros. Quando existe um decréscimo nesses níveis, o indivíduo irá sentir, por exemplo, fome, sede, desejo sexual, sono. Segundo a teoria da hierarquia das necessidades de *Maslow*, a satisfação dessas demandas orgânicas é determinante para o comportamento humano.

NPS - *Employee Net Promoter Score* – métrica de lealdade do cliente criada por Fred Heichheld em 2003, com o objetivo de medir o grau do loaldade dos clientes das empresas de qualquer segmento, trazendo reflexos da experiência e satisfação dos clientes. O eNPS é essa métrica adaptada para RH, com o objetivo de medir o nível de satisfação dos colaboradores, ou seja, se eles se sentem engajados o suficiente para recomendar a empresa para lugares e pessoas em seu círculo pessoal, social e profissional.

Networking – em tradução literal, significa rede de trabalho. Mas o *networking* é mais do que isso. Ele prevê a interação dentro dessa rede para fins profissionais, trocando e compartilhando experiências e informações que agreguem no crescimento próprio ou do próximo.

Onboarding – também conhecido como socialização organizacional, é o jargão gerencial criado na década de 1970 que se refere ao mecanismo pelo qual novos colaboradores adquirem o conhecimento, as habilidades e os comportamentos necessários para se tornarem membros e insiders eficazes da organização.

People analytics – processo de coleta e análise de dados voltado para a gestão de pessoas em empresas. O conceito nasce a partir da ideia de *big data*, que consiste na coleta, no armazenamento e na análise de um volume imenso de dados.

PMO – departamento (*Project Management Office*) ou mesmo a pessoa que faz toda a modelagem e o controle de gestão de um projeto. É responsável também pelo acompanhamento dos indicadores de performance (KPIs) de projeto, sendo atuante no planejamento estratégico. Responde ao CEO (presidente) ou ao CFO (diretor financeiro).

Propósito – é a inspiração que uma pessoa tem para fazer algo, a razão de buscar sucesso e querer crescer. É o que faz o profissional ir trabalhar todos os dias, o estímulo da motivação para algo.

Recrutamento às cegas – tipo de recrutamento que geralmente ocorre on-line e tem como foco as competências do candidato, deixando indisponíveis informações que possam levar à discriminação por vieses conscientes ou inconscientes do recrutador. Geralmente, são escondidos dados pessoais, como endereço, gênero e idade, por exemplo. O recrutamento às cegas vem sendo utilizado como instrumento para aumentar a diversidade nas empresas, embora nem sempre seja suficiente para garantir a presença de todos os grupos étnicos, etários ou de gênero na organização, segundo especialistas.

Reinforcement – reforço, intensificação.

Resiliência – *soft skill* das mais valorizadas atualmente no mercado de trabalho, a resiliência é a capacidade de adaptação de um indivíduo frente a ambientes ou a adversidades, seja em âmbito profissional ou pessoal, sem perder a sua estrutura, a sua essência.

Síndrome do impostor – pessoas com síndrome do impostor têm uma visão distorcida de suas competências, acreditando que não são suficientemente qualificadas e subestimando suas habilidades e seus conhecimentos. Quem tem esse transtorno costuma atribuir seu sucesso a fatores como sorte ou oportunidade. Essas pessoas se veem como fraudes, que podem ser descobertas a qualquer momento por seus colegas ou pela chefia, por exemplo, e vivem em constante ansiedade. Outro comportamento típico da síndrome é a autossabotagem.

Soft skill – termo usado por profissionais de recursos humanos para definir habilidades comportamentais e competências subjetivas difíceis de avaliar. Também são conhecidas como people *skills* e interpersonal *skills*.

Stakeholder – conceito criado na década de 1980 pelo filósofo norte-americano Robert Edward Freeman, *stakeholder* é qualquer indivíduo ou organização que, de alguma forma, é impactado pelas ações de uma determinada empresa. O termo significa parte interessada.

SWOT – Análise *SWOT* ou FOFA, como é chamada no Brasil, é uma ferramenta de gestão e planejamento estratégico para definir as forças (*strenghts*), fraquezas (*weaknesses*), oportunidades (*opportunities*) e ameaças (*threats*). Esse tipo de análise ajuda empresas ou empreendedores a descobrir fatores externos, como ameaças e oportunidades, e fatores internos, como fortalezas e fraquezas, para entendimento do cenário enfrentado pela empresa e como ela pode buscar uma vantagem competitiva.

Tailoring (currículos) – customizar o currículo de acordo com a vaga e a empresa pretendidas vem sendo uma das recomendações de especialistas de recursos humanos para aumentar as chances de o candidato chamar a atenção na fase inicial do processo seletivo. É o contrário de simplesmente ter um currículo fechado para disparar a qualquer momento, mudando apenas dados como idade ou um ou outro curso.

Turnover – para o departamento de recursos humanos, o *turnover* indica a rotatividade dos colaboradores na empresa. Um *turnover* alto pode representar que os colaboradores estão insatisfeitos com as condições de trabalho e com o plano de carreira oferecido ou que os salários oferecidos estão abaixo da média, por exemplo. Altas taxas de rotatividade levam à perda de produtividade e de talentos, dentre outros problemas.

Universidade corporativa – é um conceito difundido em algumas empresas que tem como objetivo oferecer aos seus colaboradores capacitação técnica e conceitual, por meio de cursos específicos, técnicos ou até de graduação, em alguns casos. É uma instituição vinculada à própria organização, que tem como foco principal o olhar e o desenvolvimento do negócio e de seus colaboradores.

Workaholic – o termo *workaholic* foi criado pelo psicólogo americano Wayne Oates, em 1971, no livro Confissões de um *workaholic*. Dr. Wayne, em sua obra, apenas juntou a palavra *work* (trabalho) ao sufixo *-aholic*, para formar *workaholic*: pessoa viciada no trabalho. Uma espécie de sinônimo de *workaholic* é *worklover*, termo usado para definir profissionais apaixonados pelo trabalho.

REFERÊNCIAS

ACHOR, Shawn. O jeito Harvard de ser feliz. São Paulo: Saraiva, 2010.

BARON, Angela; ARMSTRONG, Michael. Gestão do capital humano. Suzano: Piaget, 2009.

BERSIN, Josh. *The eight key areas hr should focus on right now*, 2020.

CHIAVENATO, Idalberto. Gestão de pessoas: o novo papel dos recursos humanos nas organizações. Rio de Janeiro: Campus, 1999.

CHIAVENATO, Idalberto. Gestão de pessoas: o novo papel do RH. Barueri: Manole, 2014.

CORDEIRO, Helena; FREITAG, Barbara; FISHER, André. A questão das gerações no campo de gestão de pessoas. Revista PUC-SP, São Paulo, 2013.

DELOITTE. *Exploring workforce trends*: mergulhando mais fundo, 2021.

DELOITTE. *Insights*: cinco tendências de força de trabalho para observar em 2021.

HAAK, Tom. *HR Trend Institute*: vídeos e artigos diversos.

HARVARD BUSINESS REVIEW. Gerenciando pessoas. Cambridge: HBR Press, 2018.

HSM MANAGEMENT. Textos diversos. Plataforma de Educação: estudos publicados.

MACY, John. *Blockchain 5.0 is talking HR tech to the edge*, 2019.

MERCER. Relatório Tendências Globais de Talento. 2020.

MINOR, Marianne. *Coaching* e aconselhamento: um guia prático para gerentes. Rio de Janeiro: Qualitymark, 2005.

REBOUÇAS, Djalma de Pinho de Oliveira. Planejamento estratégico: conceitos, metodologia e práticas. Barueri: Atlas, 1986.

ROSENBERG, Marshall. Vivendo a comunicação não violenta. Rio de Janeiro: Sextante, 2019.

SCHIRATO, Maria Aparecida. O feitiço das organizações. Barueri: Atlas, 2000.

SELIGMAN, E. P. M.; CSIKSZENTMIHALYI, M. *Positive Psychology: an introduction*. American Psychologist, v. 55, 2000, p. 12.

SELIGMAN, E. P. M. *Authentic happiness: using positive psychology to realization permanent*. Rio de Janeiro: Objetiva, 2009.

SELIGMAN, E. P. M.; CSIKSZENTMIHALYI, MASLOW. *Motivation and personality*. American Psychologist, 2000.

ULRICH, Dave. Recursos humanos estratégicos: novas perspectivas para os profissionais de RH. São Paulo: Futura, 2000.

ULRICH, D. *Human resource of the future: conclusions and observations*. Human Resource Management, v. 36, n. 1, p. 175-179, 1997.

ULRICH, D. Os campeões de Recursos Humanos: inovando para obter os melhores resultados. São Paulo: Futura, 1998.

Este livro faz parte da coleção

Varejo
Em Foco

Composta pelos títulos:

- **Pense Grande - Pense Pessoas
  Gestão de Pessoas:
  O superpoder da liderança**
  Cidinha Fonseca

- A estratégia do Varejo sob a ótica do Capitalismo Consciente
  Hugo Bethlem

- Pandemia e Transformação
  Os rumos do Varejo no séculoXIX -
  Irineu Fernandes

- Varejo Conectado
  Decisões orientadas por dados
  Fátima Merlin

- O CRM no contexto da Ciência do Consumo
  Fernando Gibotti

- Gestão de *Pricing*
  Precificação estratégica e rentabilidade
  Leandro de Oliveira

- Sua gôndola estica?
  Gerenciamento de espaços e processo de planogramação -
  Raphael Figueira Costa

- Jornada *Ominshopper*
  Daniele Motta

Este livro é composto pela família das fontes
Poppins, e foi impresso pela Gráfica Docuprint
em junho de 2021